Christian Leetz

# Lesereise Katalonien

Christian Leetz

# Lesereise Katalonien

*Die ewige Suche nach des Esels Seele*

Picus Verlag Wien

*Für Gertrud*

*Herzlichen Dank an Turisme de Catalunya,*
*Büro Frankfurt, für Kontakte und die gute Zusammenarbeit*


Grafische Gestaltung: Dorothea Löcker, Wien
Umschlagabbildung: © Turisme de Sitges
Druck und Verarbeitung:
Druckerei Theiss GmbH, St. Stefan im Lavanttal
ISBN 978-3-85452-970-5

Informationen über das aktuelle Programm
des Picus Verlags und Veranstaltungen unter
***www.picus.at***

# Inhalt

# Rechts des Flusses

*Die Entscheidung in Terra Alta*

Maria und Alma waren Kinder, als es anfing. Der Sommerwind strich böig an der Serra entlang, die Hügel lagen als mattgrüner Scherenschnitt unter einem hellblauen Himmel, in den auch der Kirchturm von Corbera d'Ebre ragte, ringsum junge Weinstöcke, alte Olivenbäume, hellbraune frisch gepflügte Erde. Die Kamille blühte, Reste von Mohn, gelbe Blumenfelder. Es war ein Bilderbuchtag, als die Bomber am nordwestlichen Himmel auftauchten.

Die Staffel unter dem Befehl des von den Nazis als Fliegerass verehrten Werner Mölders nahm genau Maß: Es dauerte nur wenige Minuten und das Dorf in der Region Terra Alta wurde im Juli 1938 von der Legion Condor in Schutt und Asche gelegt, jener Staffel, die auch den von Pablo Picasso später gemalten Angriff auf Guernica im Baskenland flog. Der Spanische Bürgerkrieg war für Hitlers Luftwaffe, die in Spanien Millionen Tonnen Bomben abwarf, eine Generalprobe für den Zweiten Weltkrieg. Für Katalonien war die Schlacht am Ebro eine um die eigene Zukunft, ein Stellungskrieg mit der größten Front, die es je auf katalanischem Boden gab. Eine Schlacht, in der insgesamt neunzigtausend Soldaten den Tod fanden.

Maria und Alma sind heute beinahe siebzig Jahre alt, sie leben immer noch in Corbera d'Ebre, jeden Abend gehen die beiden hier oben spazieren, halten einander manchmal bei der Hand. Die Ruinen ihres alten Dorfes stehen noch genauso da wie an jenem Sommertag, ihrem persönlichen Albtraum. Es ist ein Mahnmal, wie es nur wenige gibt, ein Geisterdorf, die noch stehenden Mauern von Rissen durchzogen, Kanten und Details der romanischen Kirche von Granaten weggesprengt, verkohlte Balken ragen ins Leere, Wunden klaffen, Kakteen wuchern. Alles ist so vergänglich, der nächste Windstoß könnte alles zusammenschmeißen, ein Zeugnis von Gewalt und brutalem Bombardement.

In der neueren spanischen Geschichte hatten friedliche Lösungen wenig Tradition. Es waren wirre Zeiten, gewaltbereit, mit brüchigen Allianzen und Bündnissen. Katholisch-nationalistische, bürgerlich-liberale und sozialrevolutionäre Gruppierungen standen einander in langer Feindschaft gegenüber. Die unterprivilegierte Land- und Industriearbeiterschaft strebte radikale gesellschaftliche Umbrüche an, Katalonien und das Baskenland forderten die totale Emanzipation von der Zentralregierung; naheliegend, dass beide Seiten im Spanischen Bürgerkrieg (Juli 1936 bis April 1939) auf Seiten der Republik gegen die Putschisten unter General Franco kämpften, der den Großteil des Militärs um sich scharte.

Der Krieg wurde von Demagogen und politischen Verklärern zum Kampf zwischen liberaler Demokratie und Faschismus hochgejubelt, Revolutionsträume, denen auch prominente Ausländer wie George Orwell erlagen. Der Brite kam Ende 1936 als Zeitungsreporter nach Barcelona, um über den Spanischen Bürgerkrieg zu berichten. Mitgerissen von der Stimmung schloss er sich der Miliz des kleinen Partido Obrero de Unificación Marxista an und wurde im Kampf schwer verwundet. In seinem Buch »Mein Katalonien« schildert ein faszinierter Orwell die Szenen einer katastrophalen Front, vom »Krieg der Weltanschauungen« ist die Rede, geführt mit veralteten Waffen und unbändigem Siegeswillen. Der ehemalige deutsche Bundeskanzler Willy Brandt kam als Kriegsberichterstatter, andere reflektierten den Krieg in ihren Werken: Ernest Hemingway in seinem Roman »Wem die Stunde schlägt«, Bertolt Brecht in »Die Gewehre der Frau Carrar«, Egon Erwin Kisch schrieb eine Reihe von Reportagen. Der in Wien geborene Geschichtsphilosoph Franz Borkenau beschrieb die Soziale Revolution als etwas »Überwältigendes«, als etwas, »das sich von allem unterschied, was ich bisher gesehen hatte«.

Die Kriegsbegeisterung und das internationale Engagement waren groß: Die Sowjets lieferten Panzer an die Republik, Deutsche und Italiener halfen fleißig mit Material auf der anderen Seite. Beinahe jede Division der Republikaner hatte mindestens eine Internationale Brigade, neben Spaniern und Katalanen fielen Tausende von Österreichern, Deutschen, Ungarn, Franzosen, Polen, Briten und Amerikanern. Ihre Fotos, Briefe und Abzeichen zeigt das Centre d'Estudis de l'Ebre im Historischen Museum von Gandesa. Original-Filmaufnahmen zeigen die singenden Truppen beim Marsch in die Hügel, Geschütze donnern, Dreck spritzt, Tiefflieger kreischen, Bomben fallen, Maultiere schleppen Nachschub, Panzer pflügen durch Weinstöcke. Granaten und Gasmasken, Uniformen aller Länder vereinigt euch, Feldstecher, Munitionskästen, Gewehre, Tod.

Für den Ausgang des Bürgerkriegs gab es bei allem Idealismus von Anfang an nur zwei Möglichkeiten: eine stalinistische Diktatur, die all ihre Rivalen innerhalb der Linken zerschmettert hätte, oder das grausame militärische und klerikale Regime mit faschistischem Putz, wie es Franco letztlich zustande brachte.

Um der nicht allzu fernen Vergangenheit zu gedenken, wurde ein Wanderweg durch die Bergketten von Pàndols und Cavalls eingerichtet, die »Route des Friedens«. Wer ab Gandesa dem Symbol der weißen Taube folgt, läuft drei Tage lang die einst so schwer umkämpften Schicksalsorte ab: Miravet, Corbera d'Ebre, Benifallet, La Fatarella, Flix und Móra d'Ebre. Es sind sechsundsiebzig Kilometer durch eine Gegend, die friedlicher nicht anmuten könnte. Wer die Dörfer von den Hügeln aus sieht, bekommt ein Gespür für das Schreckgespenst der Zeit. Man fragt sich, wie verrückt Offiziere gewesen sein müssen, in solch landschaftlicher Schönheit Artilleriegeschütze auf Ortschaften abfeuern zu lassen, die wie sandfarbene Oasen daliegen.

Als die Ebroschlacht (25. Juli bis 16. November 1938) verloren war, die Front endgültig zusammengebrochen, erfolgte die Eroberung von Katalonien während der ersten beiden Monate des Jahres 1939. Tarragona fiel am 14. Januar, Barcelona am 26. Januar, Girona keine zwei Wochen später.

Die Folgen waren drastisch: Die katalanische Kultur wurde vom neuen Staatschef und Diktator Francisco Franco generell verboten, die Verwendung der katalanischen Sprache in der Öffentlichkeit streng bestraft, das eigene Schulsystem abgeschafft, Bücher öffentlich verbrannt, der Druck katalanischer Bücher und Tageszeitungen unterbunden, Bibliotheken gesäubert. Dem Krieg auf dem Schlachtfeld folgte ein Kulturkrieg. Identitätsstiftendes wie das Feiern katalanischer Feste, Tänze und Bräuche fand öffentlich nicht mehr statt. Hunderttausende Katalanen flohen aus Angst vor Repression ins Exil, gleichzeitig wurde die Einwanderung aus anderen Teilen Spaniens nach Katalonien gefördert.

Franco schaffte es trotz aller antikatalanischen Maßnahmen jedoch nicht, die Kulturnation Katalonien ihrer Dynamik zu berauben. Sie verfügt heute über eine große Lebendigkeit, das Bewusstsein von der jahrhundertelangen eigenständigen Geschichte ist stärker als je zuvor.

Die neue spanische Verfassung bildete 1978 die Grundlage für die Wiedereinführung des Katalanischen als Amtssprache. Die Zeit nach Francos Tod war geprägt von einer überbordenden Begeisterung für die eigene Kultur und Sprache. Im Jahr 1979 erlangte Katalonien den Autonomiestatus. Die Narben aber, die Francos Maßnahmen nach der verlorenen Schlacht am Ebrobogen im kollektiven Bewusstsein hinterlassen haben, führten zu einer Radikalisierung, einer Rückeroberung verlorenen Kulturraums bis hinunter nach Valencia und auf die Balearen: Das *català* wird heute mehr denn je als Sprache der Befreiung angesehen, alles Spanische offensiv zurückgedrängt. In Schulen und Universitäten wird auf *català* unterrichtet, Spanisch, *castellano*, ist inzwischen im öffentlichen Leben auf den Status einer Zweitsprache degradiert, Geschäfte müssen Waren per Erlass in *català* auszeichnen und Firmen ihre Stellen in Katalanisch ausschreiben, und auf den ehemals zweisprachigen Wegweisern an Landstraßen kann man die spanische Bezeichnung kaum noch finden.

Die Generalitat de Catalunya, in stetem Clinch mit der spanischen Zentralregierung, unterstützt diesen Trend nach Kräften, nach Meinung vieler Spanier treiben es die Katalanen mit ihrem Wir-sind-eine-Nation-Fieber allerdings zu weit. Überall weht an Gebäuden die rot-gelb-gestreifte katalanische Flagge, La Senyera, es gibt ein Gesetz, das die »Präferenz« des *català* im Regionalfernsehen, in Kinos und privaten Sendern mit Quoten festsetzt: fünfundzwanzig Prozent der im Rundfunk ausgestrahlten Lieder müssen auf Katalanisch erklingen – auch, wenn es der größte Schrott ist.

Das neue Selbstverständnis birgt Probleme: Katalonien zieht als Spaniens Wirtschaftsmotor Nummer eins Arbeitssuchende aus dem ganzen Land an. Weil in vielen Berufen aber totale Bilingualität vorgeschrieben ist, ergibt sich für alle Nicht-Katalanen eine automatische Benachteiligung. Die führt zu politischen Spannungen mit Madrid und zu Unsicherheit in der nicht katalanisch-sprachigen Bevölkerung – immerhin vierzig Prozent.

Katalonien begreift sich als Nation, fühlt so und handelt danach. Diese Konsequenz hat der autonomen Region im großen Rest Spaniens keinen guten Ruf beschert, wobei auch der Neid auf den wirtschaftlichen Erfolg der Katalanen eine Rolle spielt. Das Wirtschaftsvolumen ist höher als das von Irland und entspricht etwa dem von Portugal.

Catalunya gilt als unbequem, sperrig, vielen Spaniern als zu eigensinnig. Schon das Wappentier, ein Esel, sagt viel aus. *El burro*, der katalanische Riesenesel – und ganz nebenbei die größte Eselsrasse der Welt –, ist störrisch und setzt seinem Besitzer beharrlich Widerstand entgegen. Das bietet sich als Symbol gegen den Osborne-Stier, der im Rest Spaniens die Heckscheiben ziert, geschichtlich gesehen natürlich an. Darüber hinaus prangt auf zahlreichen Wagen neben dem Esel das Länderzeichen CAT. Ganz so, als wäre Catalunya ein eigenständiges Mitglied in der EU. Solche Aufkleber können dem Fahrer zwar eine ordentliche Geldstrafe einbringen, bei geschätzt einer Million Autos mit CAT-Aufkleber müsste die Guardia Civil allerdings tausend neue Polizisten einstellen, um der politischen Stichelei oder Demonstration von Nationalgefühl Einhalt zu gebieten. Und auf Unterstützung durch die katalanische Zivilpolizei, Mossos d'Esquadra, können die Spanier nicht hoffen.

Auch online zeigen die Katalanen Flagge: Ist es doch gelungen, seit Ende 2005 für Internetseiten aus Katalonien die Endung *.cat* zu installieren. Zwar gilt das Kürzel offiziell nicht als Länderkennung, doch ist natürlich nicht zu übersehen, dass damit der Autonomiegedanke im virtuellen Raum angekommen ist. In Madrid ärgert man sich noch heute schwarz darüber.

Für Marie und Alma ist der Kampf lange vorbei. Zank und Streit sind ihre Sache nicht mehr. Stolz sehen sie trotzdem aus, wenn sie, die eine auf ihre Krücken gestützt, die andere mit ihrer Handtasche, durch das alte Corbera d'Ebre spazieren, die Mauern von Rissen durchzogen, verkohlte Balken ragen ins Leere, Kakteen wuchern, Wunden klaffen.

# Katalanische Historie

*Von den Balearen bis Valencia*

Mit Traditionalisten, Nationalisten und Ewiggestrigen ist es eine schwierige Sache. Jede Nation, ganz gleich welche, hat mit ihnen so ihre Erfahrungen. Meist negative. Auch Katalonien. Und es gibt dieser Tage viele von ihnen, die mit ihrem Gerede von einem Großreich Katalonien den anderen, all jenen also, die im Hier und Jetzt leben, gehörig auf die Nerven gehen. Es sind Menschen, die den Begriff Kulturnation mit Nation verwechseln, Leute, die geschichtliche Fakten derart strecken, überdehnen und für ihre Zwecke verzerren, dass man am Ende fast nicht mehr weiß, was stimmt. Manchmal könnte man ihnen beinahe Recht geben bei ihrer Behauptung: Die heutigen Grenzen Kataloniens seien nichts weiter als Schall und Rauch, nichts weiter als eine grandiose Lüge, ein politischer Kompromiss, der zu Lasten Kataloniens geht.

Ein Blick in die Geschichte schafft Klarheit: Zu vernachlässigen sind an dieser Stelle die Iberer, Kelten, Römer, Westgoten und Mauren. Alle haben sich zwar zwischen dem 9. Jahrhundert vor Christus und dem 5. Jahrhundert danach in Katalonien aufgehalten, hier gewerkelt und es hat der eine mehr, der andere so gut wie gar keine Spuren hinterlassen; als Keimzelle der katalanischen Nation aber gilt die Spanische Mark. Ab dem Jahr 785 übernahmen die Franken unter Karl dem Großen die Herrschaft in Katalonien. Die von ihm geführte Spanische Mark war das mitteleuropäische Bollwerk gegen den Islam. Ein fränkischer Graf war es dann auch, Wilfried der Behaarte, der Ende des 9. Jahrhunderts erstmals mehrere Grafschaften in der Region vereinigte und somit einen Vorläufer des heutigen Katalonien schuf. Als tatsächliches Geburtsjahr nennt die katalanische Regierung das Jahr 988, als unter Graf Borell II., dem Grafen von Barcelona, erstmals tatsächlich politische Unabhängigkeit erreicht wurde. In dieser Zeit fiel nachweislich erstmals der Begriff Katalonien, kurz darauf wehte zum ersten Mal die Senyera, die bis heute existierende Nationalflagge.

Als Blütezeit Kataloniens muss das 12. und 13. Jahrhundert bezeichnet werden. Die Mauren wurden aus den südlichen Landesteilen verjagt, durch Heirat vereinigten sich die beiden Königreiche Katalonien und Áragon. Ein Höhepunkt der nach Expansion strebenden neuen Macht war die Eroberung der Balearen und Valencias zwischen den Jahren 1229 und 1238 unter Jaume I. Der noch heute in Katalonien verehrte Eroberer gründete das Königreich Mallorca und kurze Zeit später wurde auf sein Geheiß hin mit dem Bau der Kathedrale begonnen, die nach seinem ausdrücklichen Willen der Jungfrau Maria geweiht ist. Katalanisch, *català*, ist seit dem 13. Jahrhundert die Sprache Mallorcas. Das kastilische Spanisch, *castellano*, wurde dort erst wieder Anfang des 18. Jahrhunderts als Amtssprache durchgesetzt. Heute werden sowohl Standard-Katalanisch, der mallorquinische Dialekt davon, das *mallorquí*, als auch *castellano* von den Einheimischen auf der Insel gesprochen – ein teils recht kompliziertes Geflecht.

Zurück in die Vergangenheit: Im Jahr 1262 fiel auch Sizilien durch Heirat an das Machtzentrum des Königreichs Katalonien-Áragon, 1323 eroberte man dann noch Sardinien. Man hatte eine funktionierende Verwaltung und beherrschte das westliche Mittelmeer nach Belieben. Gestützt auf Sicherheit und wirtschaftlichen Erfolg entfalteten sich damals auch Kunst und Wissenschaft. Der auf Mallorca geborene Schriftsteller und Philosoph Ramón Llull (1235 bis 1316) stieg zu einem der wichtigsten Schöpfer mittelalterlicher Dichtung auf. Mehr als zweihundert Werke verfasste der Literat. Nur selten benutzte er, wie damals üblich, die Gelehrtensprache Latein, er schrieb zumeist in *català*.

Das Heute: Von Katalonien im Sinne der autonomen spanischen Region unterschieden werden müssen die Katalanischen Länder, die sogenannten *Països Catalans*, die neben der gemeinsamen Sprache weitere historische und kulturelle Gemeinsamkeiten aufweisen. Zu diesen *països* gehören neben Katalonien die Balearen, Valencia, das zu Frankreich gehörende Roussillon, ein schmaler Streifen in Aragonien, die sogenannte Franja de Ponent, Andorra und die Stadt Alghero auf Sardinien. Die nördliche Grenze dieses Sprach- und Kulturraums wird heute durch die Porta dels Països Catalans bei Salses-le-Château im Roussillon markiert.

Nationalisten bringen nun wie gesagt die Begriffe Kulturnation und Nation etwas durcheinander. Sie sähen besagte Regionen tatsächlich gerne wiedervereint als ein großes Katalonien. Über die Machbarkeit dieses Hirngespinstes muss zum Glück an dieser Stelle nichts weiter berichtet werden. Der Großteil der Katalanen begreift sich schließlich richtigerweise als Kulturnation, die redlich bemüht ist, das reiche gemeinsame Erbe zu bewahren. Ganz gleich ob auf Sardinien, dem Festland oder auf den Balearen.

Und der katalanische Schriftsteller Santiago Rusiñol hatte Anfang des 20. Jahrhunderts schon eine gute Idee, wie man das macht: »So folge mir nach einer Insel, wo keine Worte verschwendet werden, wo immer Ruhe herrscht, wo es die Männer nie eilig haben, wo die Frauen nie alt werden, wo die Sonne länger scheint und sogar Frau Mond, von der Faulheit angesteckt, langsamer ihren Weg zieht.«

# Vernunft und Rausch

*Barcelona – inneres Spiegelbild einer Nation*

»Adiós«, sagt der Mann freundlich, nimmt seine Baguette und verlässt die Bäckerei vor der U-Bahn-Haltestelle Poblenou. »Adéu!«, ruft die Verkäuferin dem Unbekannten hinterher. Ein lang gezogenes Adéeeeeu. So, dass er's auf jeden Fall noch hört, bevor ihn das Tosen der Straße verschluckt.

*Adéu*, Auf Wiedersehen auf Katalanisch. Nicht das kastilianische Adiós, bitte. An manchen Tagen scheint es, als weigere sich halb Barcelona, Spanisch mit einem zu reden. Allen voran in den kleineren Geschäften schwingen sich Fischverkäufer, Automechaniker, Apothekerinnen oder Metzger zu Hütern des *català* auf, errichten Mauern zwischen sich und ihrem nicht katalanischen Gegenüber.

Als Katalane in Barcelona ist man wohl besonders geneigt, seinen Widerstand gegen Spanien offen zu zeigen. Wer hier aufgewachsen ist, kann vielleicht auch gar nicht anders.

So wie Edgar, vierunddreißig Jahre alt, Anwalt, jung, dynamisch. Ein Nationalist. Einer, der noch ein Kleinkind war, als General Franco starb. Aber einer, der von seiner Mutter und den Großeltern genau weiß, wie es in Barcelona vor noch nicht allzu langer Zeit war; oben auf dem Montjuïc, als im gefürchteten Gefängnis des Kastells die politischen Gegner des Diktators hinter dicken Mauern starben. Auch der katalanische Präsident Lluís Companys wurde auf dem Berg exekutiert.

Und es war nicht das erste Mal, das weiß Edgar seit seinen Schulbesuchen im Historischen Museum am Port Vell, dass die Stadt und die Menschen ihrer Rechte und ihres Ansehens beraubt wurden.

Ab 1479 geriet Barcelona wie ganz Katalonien durch die Vereinigung der Königreiche Aragón und Kastilien ins politische, mit der Entdeckung Amerikas auch ins wirtschaftliche Abseits. Die neuen Machthaber verboten der Stadt den Handel mit der Neuen Welt, es folgten Jahrhunderte der Unterdrückung durch Kastiliens Knute.

Erst ab Mitte des 18. Jahrhunderts erholte sich die Mittelmeermetropole, Auslöser war neben der Zulassung zum Überseehandel die sich rasch ausbreitende Industrialisierung. Während der Rest Spaniens traditionell in der Landwirtschaft verharrte, ratterten in Barcelona die Webstühle und keuchten die Dampfmaschinen.

Selbstbewusstsein machte sich breit. Der Widerstand Madrids erlahmte, und in der zweiten Hälfte des 19. Jahrhunderts begann mit der sogenannten *renaixença* die Wiedergeburt der katalanischen Kultur. Barcelona strahlte. Aber nur kurz.

Der Staatsstreich durch Primo de Rivera im

Jahr 1923 führte erneut zur Abschaffung katalanischer Rechte. Die erhielt man durch die junge Republik ab 1931 zwar erweitert wieder zurück – doch schon stand das nächste Übel vor der Tür. Im Januar 1936 fiel die Stadt an Francos Truppen, vorher erlebte Barcelona wirre Zeiten und Anarchie. Linke, Gewerkschaften und Arbeiterkomitees bekriegten sich gegenseitig, anstatt sich als Einheitsfront gegen die faschistische Bedrohung zu stellen. Immer also, wenn Barcelona sich gerade wieder aufgerappelt hatte, Rechte und Autonomie besaß, folgte ein Schicksalsschlag.

Wer das weiß, kann verstehen, was die seit Francos Tod im November 1975 andauernde Periode für Katalonien bedeutet: eine Zeit echter Selbstverwirklichung ohne Bevormundung. Und »Barna«, wie die Einwohner die Stadt nennen, ist Schaufenster all dessen, das Schaut-mal-her-was-wir-jetzt-Sind von sieben Millionen Katalanen, die sich großteils als Nation begreifen. Hier steht, zumindest gefühlt, alles bisher Erreichte auf dem Prüfstand. Eine Art innerer Staatsanwalt wacht darüber, klagt das eigene Gewissen an, sollte man es doch einmal vergessen zu verteidigen. Tag für Tag.

Getreu dem Motto, was man erst in Händen hält, kann einem so schnell keiner mehr nehmen, hat die Stadt in den vergangenen Jahrzehnten die Zukunft mit einem Tempo vorangetrieben, dass die Alten, die damals vor dem Palau Mùsica für die Unabhängigkeit demonstrierten, ungläubig die Augen reiben. Vieles erkennen sie kaum wieder, ganze Viertel mussten weichen oder wurden luxussaniert. Die Mieten explodierten. Längst zählt Barcelona zu den teureren Metropolen in Europa.

Allein im letzten Jahrzehnt haben sich die Übernachtungszahlen verdoppelt, ist die Stadt zur beliebtesten Kreuzfahrtdestination im Mittelmeer avanciert. Vier Millionen Touristen jährlich und die Ausgehsucht der eigenen Bevölkerung sorgen für ein riesiges Angebot an Bars, Diskotheken, Restaurants und Events. So großzügig weit wie die Architektur mit ihren Freiräumen, ist der Lebensstil der Jungen und Ewig-jung-Bleibenden.

Die Stadt wirkt wie ein gigantischer Magnet, der alles anzieht, was neu und hip ist. Folge: Rund vierzig Prozent der Einwohner sind inzwischen gar keine Katalanen mehr, sondern kommen aus anderen Teilen Spaniens, Europas oder aus Südamerika.

So wie Cristina Pontijas. Die junge Frau aus Segovia mit den himmelblauen Augen und dem Tattoo auf der Schulter hat in Madrid ein Modestudium abgeschlossen und wurde dann vom Barcelona-Fieber infiziert. Es sind Nobeldesigner wie Custo Barcelona, der Riesenerfolg spanischer Masseneinkleider wie Zara und Mango, Modemessen wie Bread & Butter und Laufstegveranstaltungen wie die Pasarela Gaudí, BCN Showrooms und Moda Fad, die Menschen wie Cristina den Modetraum träumen lassen. Ein Traum, der über Jahre hinweg mit großzügiger Unterstützung der Stadtväter geträumt werden durfte.

Weil Barna Anfang des Jahrtausends nicht mit Metropolen wie Paris oder Mailand konkurrieren konnte, erhielten Designer über Jahre hinweg mehr als hunderttausend Euro für die Präsentation ihrer Kollektionen. Laufstegshows wurden zu mehr als achtzig Prozent aus Steuergeldern finanziert. Die Pasarela, ein Überbleibsel der großen Gaudì-Modewoche, erhielt bis zum Jahr 2005 Subventionen in Höhe von 3,2 Millionen Euro.

Der Geldhahn wurde zwar inzwischen zugedreht, die aus dem Image der Stadt aufgegangene Saat, ein Überangebot an Newcomern, aber bleibt. Und es sind lange nicht nur die Designer, deren Anzahl noch ständig wächst. Auch Grafiker, Programmierer, Musiker, Maler und Internetdesigner zieht es in die von jedem Reiseführer gepriesene Trendstadt. Geldinstitute wie La Caixa wissen vor lauter Anfragen zur Finanzierung von Modelabels, Ateliers, Galerien und Künstlerwerkstätten schon nicht mehr, wo ihnen der Kopf steht.

In der Stadt herrscht allerdings ein Ungleichgewicht. Barcelona ruht nicht in sich selbst. Hat es nie. Und wird es auch so bald nicht. Das Schaufenster der katalanischen Kultur lebt tagtäglich einen Konflikt. Zwischen jenen, die hier geboren wurden und den vererbten Druck verspüren, ihr Katalanisches, auf Hochglanz poliert, permanent nach außen zu kehren. Und jenen, ob zugewandert oder nicht, die das ganze Gehabe wenig interessiert.

Ein Beispiel: der Fußball. Ein Spiel, das rund um den Globus für Emotionen sorgt. Der FC Barcelona aber ist etwas Besonderes. Der Verein trägt für viele heilige Züge. Nicht nur, weil Papst Johannes II. hier Mitglied war, sondern weil el Barça der einzige Club auf der Welt ist, der den Charakter einer Nationalmannschaft besitzt, *més que un club*, mehr als ein Club, lautet der Slogan.

Als sich Oleguer Presas im Jahr 2005 zuerst weigerte, seine Nominierung für die spanische Nationalmannschaft anzunehmen, wurde er im Stadion Camp Nou als Held gefeiert. »No hi vagis!«, Fahr nicht hin, stand auf den Spruchbändern. Am Ende fuhr der Verteidiger dann doch, der große Eklat blieb aus.

Es gibt sogar eine katalanische Fußballauswahl, die sich seit Jahren um die Teilnahme an internationalen Turnieren bemüht. Bis es vielleicht irgendwann einmal so weit ist, gelten Europameisterschaften und Weltmeisterschaften in Barcelonas Kneipen oft weniger als die *Primera Division*, die Erste Liga, in der das ewige Duell gegen Real Madrid geschlagen wird. Solche Schlachten haben Gewicht. Sinnbildlich stehen bei dieser Partie nicht einfach zwei Clubs auf dem Platz, sondern zwei Länder. Barça gegen Real, das heißt Katalonien gegen Spanien, Esel gegen Stier.

Apropos Stier. Die *corrida de toros*, der Stierkampf, ist *das* Symbol Spaniens schlechthin. In Katalonien ohnehin nie sehr populär, sorgte der stellvertretende Bürgermeister Jordi Portabella im April 2004 für einen Skandal. Der Politiker brachte einen Gesetzentwurf zur Abstimmung, der Barcelona zur stierkampffreien Stadt erklärte. Ein Giftpfeil in Richtung Madrid war es, mehr nicht. Aber die Rechnung ging auf: Tags darauf stürzten sich rechte und königstreue Zeitungen wie *El Razon* und *El Mundo* geschlossen auf Katalonien, als stünde eine Abspaltung kurz bevor. Herrlich. Zumal das Gesetz bis heute wirkungslos blieb, weil nur das Parlament die *corridas* verbieten könnte.

Katalonien ist spätestens seit den Olympischen Sommerspielen im Jahr 1992 eine Marke, die den meisten Menschen ein Begriff ist. Und man investiert weiter jährlich viele Millionen Euro in Alleinstellungsmerkmale wie Sprache, Tradition und Kunst. Nur in welche Richtung fährt der Zug eigentlich? Führen die Schienen dieser Emanzipation noch in Richtung Europa? Oder geht es mit Volldampf in die Isolation? Immer mehr Länder zerfallen schließlich derzeit in Kleinststaaten, viele drängt es hinaus aus der europäischen Gleichmacherei, weg vom globalisierten Einheitsbrei. Manchmal scheint es fast so, als wollte jemand am Zeitrad drehen und das lange und hart erarbeitete Miteinander der Völker wieder aufdröseln. Getreu dem konservativen traditionalistischen Grundsatz: Jedem sein Näpfchen.

»Adéu!«, sagt der Alte, mehr zu sich selbst als zu seinem Gegenüber, der seinen Milchkaffee ausgetrunken hat und gerade im Begriff ist zu gehen. Und bei ihm klingt es anders als bei der Verkäuferin, die ihr lang gezogenes Adéeeeeu inzwischen ein paar anderen hinterhergekläfft hat. Sanfter, selbstsicherer, normal. »Adéu.«

Vielleicht ist es sein Alter, stolze fünfundsiebzig Jahre. Ein Alter, in dem man manches besser überblickt, mehr weiß und, wer kann es verneinen, auch anders begreift als mit rebellischen Mitte zwanzig. Señor Pujol war einmal Professor an der Universität, er hatte viel Zeit, sich selbst und seinen Freunden in die Seelen zu schauen.

»Seny i rauxa«, Vernunft und Rausch, sagt er, das sei es, das Wesen der katalanischen Seele. Der Konflikt, den die Stadt tagtäglich mit allem möglichen ausfechte, sei in Wahrheit ein Konflikt, der tief in ihr selbst tobt. Denn nicht nur die Stadt ist von baulichen Kontrasten geprägt, auch Charakter und Lebensgefühl ihrer Bewohner werden durch völlig gegensätzliche Eigenschaften bestimmt. Einerseits neigen die Katalanen zu Gemein- und Geschäftssinn, zu Strebsamkeit und Disziplin, was ihnen den Beinamen als Preußen Spaniens eingebracht hat. Andererseits kippt all die Vernunft manchmal um in einen irrationalen Zustand rauschhafter Erregung – *seny i rauxa.*

Es beschreibt auch den uralten Zwiespalt, in dem Barcelona lebt, diese Sehnsucht nach Europa, nach dem Norden, und gleichzeitig eine zutiefst mediterrane Mentalität, die mehr dem Herzen folgt als rationalem Handeln. Zwei konträre Pole, die einander bekämpfen und doch nicht voneinander lassen können – der ideale Nährboden für Kunst. Sie braucht solche Extreme, Widersinniges und Kompliziertes, wie das Feuer die Luft zum Brennen, um Großes zu erschaffen. Nicht aus sich selbst heraus, aber aus den Händen derer, denen der Konflikt zwischen Vernunft und Rausch Antrieb ist.

Die Jahrzehnte um die Wende des 19. zum 20. Jahrhundert waren rauschende Jahre. Wie auch in anderen westlichen Ländern entwickelten sich während der *renaixença* neue Stilrichtungen. In Deutschland war es der Jugendstil, in Frankreich der Art Nouveau, England und die USA erlebten die Geburt des Modern Style, in Italien trat der Liberty und in Österreich die Secession einen Siegeszug an.

In Barcelona war es der *modernisme*. Ein Spaziergang durch das Viertel Eixample und zu Prachtbauten wie dem Hospital de la Santa Creu i Sant Pau, dem Weltkulturerbe Casa Milà, Casa Amatller, Palau Montaner, Palau de la Música Catalana oder zum Plaza de Toros Monumental gehören denn auch zu den kulturellen Höhepunkten einer Stadtbesichtigung. Antoni Gaudí, Lluís Domènech i Montaner und Josep Puig i Caldafalch haben sich mit ihren Werken in die Chronik der Unsterblichen Baumeister eingetragen. Vom in der *renaixença* aufgehenden Stern einer neuen Art der Malerei mit Künstlern wie Joan Miró, Pablo Picasso oder Salvador Dalí soll hier nicht die Rede sein.

Nur so viel: *seny i rauxa*. Der Surrealist Dalì hat den Rausch bis zum Exzess auf die Leinwand gebracht. »Eines Tages wird man offiziell zugeben müssen, dass das, was wir Wirklichkeit getauft haben, eine noch größere Illusion ist als die Welt des Traumes.« (Salvador Dalí)

# Vom Traum der Unendlichkeit

*Die Thunfischjäger von Palamós*

Auf den ersten Blick ist Palamós eine touristische Hochburg wie viele Orte an der Costa Brava: Ein langer geschwungener Strand, in erster Reihe stehen Stockwerk für Stockwerk die Ferienhotels. Eine Promenade, Restaurants mit mehrsprachigen Speisekarten. Dazu kommt eine sehenswerte Altstadt.

Man muss schon genauer hinschauen, um zu erkennen, was einmal war. Nur ein paar Bilder in einigen wenigen Bars verraten die goldenen Zeiten, als Palamós eine der legendären Thunfangbastionen in Europa war. Nicht einmal im Fischereimuseum unten am Hafen ist viel darüber zu erfahren. Dort sieht man mehr Allgemeines, das Übliche: Filme, historische Reusen, alte Aufnahmen von Frauen, die Netze flicken; Fotos von Fischern, Zigarre im Mundwinkel, in kleinen Booten, voll mit großen Fischen.

Die Realität heute: Wer um 17 Uhr runter an die Mole geht, bekommt große Boote mit kleinen Fischen zu Gesicht. Vom Thunfisch, dem König der Meere, keine Spur.

Palamós gehört zu jenem Teil von Europa, der vom Fischfang lebt, der dessen Niedergang mitbetrieben und nun darunter zu leiden hat. Von einst rund vierhundert Fischern sind heute noch gerade die Hälfte übrig. Der letzte Thunfisch ging im Jahr 1990 ins Netz – oder genauer gesagt an die Langleine. Da helfen auch die jährlichen Feierlichkeiten immer im Juli zu Ehren der Schutzheiligen Virgen del Carmen nichts, ein blumenreiches folkloristisches Spektakel mit Bootsprozession. Aber der Thun kommt nicht mehr.

Wer dennoch jeden Morgen um fünf Uhr in der Früh rausfährt, zieht ein Schleppnetz, in das Tintenfische, Sardinen, Seeteufel und Seehechte, Krebse und ein paar Doraden gehen. Andere haben es auf Langusten abgesehen.

Der Rote Thunfisch aber bleibt das Symbol des Mythenraums Europa. Ein Symbol mediterraner Traditionalität und Grazie, der Weisheit, der Nachlässigkeit und der Gier. Ein Fisch, der als transatlantischer Langstreckenschwimmer die Meere durcheilt und ausgewachsen bis zu fünf Meter lang wird und bis zu sechshundert Kilogramm wiegt. Er hat ein großes Herz, runde Augen und einen torpedoförmigen Körper. Nach Einschätzung aller namhaften Umweltschutzorganisationen steht seine Auslöschung kurz bevor.

Ein Held ist Pedro Cubo Ramos dennoch – und er wird es immer bleiben. Das Bild des besten Thunfängers von Palamós hängt in nostalgischer Verklärung in Fischerkneipen wie der Casa del Mar, Can Moni oder Cala Pepa Caneja. Schwarz-Weiß-Fotografien, die eine herrliche Vergangenheit beschwören, die langsam vergilbt; an Wänden von Lokalen, wo morgens schon Bier, Wein und Kaffee mit einem Schuss Cognac getrunken wird. Es sind Bilder aus einer Zeit, als die letzten Helden noch ihre Leinen auswarfen, umflort von Geheimnissen.

Die Geschichte von Pedro und seinem epochalen Kampf mit einem dreihundert Kilo schweren Thunfisch kennt hier jeder. Es war der 8. Juni 1982, Pedro war mit seinem Boot, der L'Avi Chichi, allein draußen und kämpfte so viele Stunden mit dem König des Meeres, dass er am Ende keine Kraft mehr hatte, das Tier hereinzuziehen. Als sein Kutter in den Hafen tuckerte, jubelten die Fischer von Palamós und zogen den Koloss gemeinsam an Land. Pedro bekam damals umgerechnet sechshundert Euro. Heute wäre derselbe Fisch mehr als sechstausend wert. In Japan wird dafür sogar noch mehr bezahlt. Dehalb geht jeder frei gefangene Thunfisch in Topqualität heute ausnahmslos nach Japan, um zu Sushi zu werden. Was in katalanischen Fischhallen für fünfzehn Euro das Kilogramm blass daliegt, kommt entweder aus einer Zuchtstation oder ist zweite Qualitätsstufe.

Seit Jahrtausenden kamen zum ersten Vollmond im April die Schwärme des Thunnus thynnus auf dem immergleichen Weg ins Mittelmeer. Seit jeher war das Meer um die Balearen herum seine Geburtsstätte. Sein Weg zu den Laichgebieten führte die Costa Brava hinauf, direkt an Palamós vorbei. Nach diesem präzisen, Millionen Jahre alten Uhrwerk der Natur konnten die Fischer ihre Kultur errichten.

Bis zu fünftausend Tonnen Thunfisch holten die Palamós-Männer Jahr für Jahr aus dem Meer. Wie viel die großen französischen Fangflotten ab Anfang der achtziger Jahre teils illegal aus dem Meer vor den Balearen fischten, weiß niemand so genau. Fest steht aber, dass die Jäger von Palamós dagegen vergleichsweise bescheiden ihr Tagwerk verrichteten. Pedro und die anderen fuhren nicht mit modernsten Ortungsgeräten und Ringnetzen hinaus, sondern mit traditionellen Fangleinen. Sie kippten Makrelen als Köder ins Wasser, lockten den Thun an, wogen ihn erst in Sicherheit – und warfen dann ihre Haken aus. Es war bis zu einem gewissen Grad, was man eine trickreiche ehrliche Jagd nennt. Ein Handwerk, das Pedro von seinem Vater gelernt hat. Und der wiederum von seinem. Es war wie der Traum von der Unendlichkeit. Ein Traum von der Unerschöpflichkeit des Meeres.

Mit den Fischen sterben die Traditionen. Viele derer, die jetzt morgens hinausfahren, sind Russen und Marrokaner. Zeitarbeiter für eine Saison, vielleicht für ein paar Jahre. Von der einst so stolzen gemeinsamen Jagd ist nicht mehr übrig geblieben, als sich gegenseitig mit Bojen zu täuschen, weil man nur selbst auf das beste Fangrevier hofft. Die Söhne der Einheimischen wollen die Mühsal nicht mehr auf sich nehmen. Ein hartes Leben auf dem

Ozean mit blutigen Netzen und stampfenden Dieselmotoren haben sie gegen ein festes Einkommen bei einer Bank oder einer Autowerkstatt eingetauscht.

Im Winter leben die Fischer von Palamós von dem, was sie im Sommer gefangen haben. In den Sommern fangen sie längst zu wenig, um es noch ehrenvoll Fischen zu nennen. In guten Jahren verdiente Pedro achtzehntausend Euro netto, in schlechten die Hälfte. Der Preis für Dieselöl hat sich in den letzten Jahren verdoppelt, der für eine Languste ist stabil geblieben.

Dass es keine Thunfische mehr gibt, hat weitreichende Folgen und ist der Beginn einer Spirale, die weite Teile Kataloniens vor große Schwierigkeiten stellt: Der Rote Thun steht an der Spitze der Nahrungskette. Stirbt er aus, profitieren seine Beuteopfer, die Quallen und Tintenfische. Ihre Invasion ist schon jetzt Sommeralltag an vielen Stränden von Lloret de Mar bis Barcelona und hinunter nach Tarragona – eine Katastrophe für die milliardenschwere Touristikindustrie. Tintenfische wiederum ernähren sich von Sardinen. Stirbt der Thun, sterben die Sardinen. Sterben die Sardinen, gibt es bald auch keine Sardinenfischer mehr.

»Ziehe heute so viel aus dem Meer, wie du kannst, morgen könnte es leer sein«, so hieß es früher. Doch hier beißt sich, wie eine Redensart aus Palamós sagt, der Fisch in die Schwanzflosse. Weil die Fischer von Palamós das aber nicht wollen, haben sie die Regierung um die Errichtung eines Bio-Reservats an ihrer Küste gebeten, das für die Fischerei geschlossen bleiben oder nur unter strenger Aufsicht befischbar sein soll. Geht es nach Pedro Cubo Ramos, darf man das als neue Meeres-Moral bezeichnen. Eine, die sich zwar zaghaft entwickelt, aber Besinnung und Verstand zu ihren Verbündeten zählt.

# »El miracle català«

*Vom Montserrat in die Heimat und bis ans Ende der Welt*

Wie sieht die Ewigkeit aus? Was bedeutet es, dass Dinge ein Ende haben? Fragen, auf die nur individuelles Gedankenspiel vage Antworten gibt, gefühlte Wahrheiten und Halbgares.

Jedes Land hat Orte, an denen Antworten auf diese Urfragen scheinbar in der Luft liegen. Orte, an denen man sich klein fühlt, frei und glücklich. Verloren und geborgen zugleich.

In Katalonien heißt dieser Ort Montserrat. Das Massiv zwischen der Küstenebene und Zentralkatalonien ragt als unwirkliche Formation zackiger und wulstiger Felsen wie Orgelpfeifen aus dem Nichts plötzlich vor einem auf. Ist einfach da. Ein Stück nationaler Ewigkeit mit steinaltem, zerfurchtem Gesicht. Ein König von einem Berg, von dessen Schultern ein rot schimmernder Mantel in groben Falten zu Tal fällt und alte Geheimnisse gut verbirgt. Des Königs Atem schwebt als dünnes Wolkenband über den Gipfeln, durchstoßen von knubbeligen Fingern, die gen Himmel deuten.

Müsste man das Massiv heute noch einmal benennen, man würde es vielleicht »Aktienberg« taufen. Das steile Auf und Ab der kantigen Gipfellinie erinnert, von Weitem in der Abenddämmerung betrachtet, an den Kurs eines unsteten Wertpapiers, das in den vergangenen Jahrzehnten alle Höhen und Tiefen an der Wallstreet durchlaufen hat. Von Weltwirtschaftskrisen gebeutelt und spekulativen Gewinnen wieder steil nach oben gejagt.

Hält man sich an die Fakten, ist das Montserrat-Relief vor rund sechzig Millionen Jahren entstanden. Zwei verschiedene Arten von Gestein, ein Sockel aus Konglomerat- und Sandsteinschichten, darüber ein Block aus Sedimentgestein. Letzteres setzt sich aus rundlichen Schottern zusammen, die in ein kalkreiches, wasserlösliches Bindemittel eingebettet sind. Regnet es, wird der Kalk aus dem Gestein gewaschen, der Fels löst sich auf. Den dabei entstehenden Formationen verdankt das Massiv seinen Namen: Montserrat, »zersägter Berg«.

Doch was sind geologische Erkenntnisse, ist Entstehungsgeschichte, gegen die uralten Legenden, die sich um diese zackigen Gipfel ranken? Mal heißt es, das Gebirge sei zerbrochen, als Jesus Christus gekreuzigt wurde. In einer anderen Erzählung heißt es, Engel hätten den Berg zersägt, um einen Palast zu bauen, der das katalanische Land auf ewig erleuchten solle. Und wieder eine andere vermutete auf dem Montserrat die Gralsburg des Parzival.

Zu den Legenden gesellt sich Glaube. Auf dem Ostgipfel, eingebettet zwischen Felsnasen, versteinerten Gesichtern, Fingern und Wülsten thront ein Kloster, erbaut im Jahr 880 als kleines Nonnenkloster, das rund hundert Jahre später an die Benediktiner übergeben und in der Folgezeit kontinuierlich vergrößert wurde.

»Unsere Liebe Frau von Montserrat« heißt die Marienfigur, zu der jährlich rund eineinhalb Millionen Besucher und Pilger strömen. »La Moreneta«, die »Kleine Braune«, nennen sie liebvoll die Katalanen. Papst Leo XIII. (1878–1903) ernannte sie einst zur Schutzpatronin Kataloniens. Und legitimierte somit den Volksglauben bis in alle Ewigkeit.

Es heißt, der Evangelist Lukas habe die dunkle Madonnenfigur geschnitzt. Die Invasion der Araber überstand die Heilige unbeschadet, verborgen im Inneren einer Höhle des Berges. Im Mantel des Königs. Schließlich sei sie, wie in solchen Fällen gerne angenommen, von einem Hirten gefunden worden.

1409 erhielt das Kloster den Status einer unabhängigen Abtei, der napoleonische Krieg und die späteren politischen Ereignisse unterbrachen das klösterliche Leben. Ab 1844 wurde unter der Führung von Abt Miquel Muntades der Wiederaufbau in Angriff genommen.

Zu Legenden und Glaube gesellt sich Geschichte. Montserrat ist ein Mythenmonster und weit mehr als das nach Santiago de Compostela wichtigste Pilgerziel Spaniens, an dem achtzig Mönche für das Heil der Welt beten.

Der alte Stein erinnert die Menschen im Strudel der Zeit an ihre Vergänglichkeit. Der Berg ist das nationale Gewissen, der Fels in der politischen Brandung. Hierher flüchtete sich die katalanische Seele, als General Franco mit Verachtung für ihre Kultur über Spanien herrschte. Das Monestir Santa Maria de Montserrat war das Gallien jener Diktatur, das aufgrund kirchlicher Sonderrechte nicht den von Madrid ernannten Bischöfen unterstand. Man wagte es, seine Messen weiter in der damals verbotenen Sprache *català* zu feiern, gab sogar eine Zeitschrift heraus. Widerständler allesamt, Mönche, Fischer, Bauern, Anwälte, vereint im Vertrauen auf Gott und seine Engel. Vereint im Gebet auf bessere Zeiten.

Und so gilt das Kloster, der ganze Berg in seiner Wundersamkeit, als Wächter der Traditionen. Der Vorname Montserrat, kurz Montse, erlebte während der Diktatur einen Zuspruch wie kein anderer. Berühmtestes Beispiel ist Montserrat Caballé, eine der bedeutendsten Opernsängerinnen des 20. Jahrhunderts, die gemeinsam mit Freddie Mercury zur Olympiade 1992 den Queen-Hit »Barcelona« schmetterte. Man kann schon beinahe von einer Generation Montserrat sprechen, die ihren Namen heute stolz als Symbol des einstigen Widerstands in ihren spanischen Pässen trägt. Gegen das Vergessen.

Wie sieht die Ewigkeit aus? Was bedeutet es, dass Dinge ein Ende haben? Aus den Kehlen des Knabenchors, der Escolania de Montserrat, klingt in unverschämt hohen Tonlagen so etwas wie eine vage Antwort. Jeden Mittag klingt aus den Engelskehlen das Virolai, das Loblied auf die Mutter Gottes. Es wurde vom katalanischen Dichter Jacint Verdaguer geschrieben und anlässlich der Tausendjahrfeier des Klosters am 20. Februar 1880 in Barcelona veröffentlicht. Die Melodie komponierte Josep Rodoreda, der einen extra dafür ausgeschriebenen Wettbewerb gewonnen hatte.

Und es ist nicht irgendein Lied. Nein. Zu Zeiten der politischen Repression avancierte das Virolai zur Nationalhymne von Katalonien. Andere Volkslieder waren verboten wie eigentlich jedes Wort in *català*. Ein Lied, in dem sich alle Hoffnung auf ein rasches Ende der Franco-Diktatur und Unterdrückung bündelte. Eine Strophe lautet:

*… Gebt jenem Trost, der die Heimat vermisst,*
*und die Gipfel des Montserrat nicht mehr sieht;*
*erhört die Flehenden zu Lande und auf dem Meer,*
*wendet die Herzen jener zu Gott, die Ihn verlassen hatten…*

Die Zeiten haben sich geändert. Franco ist tot. Katalonien frei. Nur der zersägte Berg wacht wie eh und je über das Land. »Diese Gipfel sind wie eine inspirierende Reise«, sagte der Architekt Antoni Gaudí. Und der Vertreter des *modernisme català* meinte damit nicht nur das Gefühl, das der Berg einem schenkt, wenn man ihn am Ende einer Reise wieder vor sich sieht. Wenn er sich auf der *autopis-*

*ta* Lleida–Barcelona vor einem aufbaut und willkommen heißt, als wollte er sagen: Heimat, hier bist du.

Es ist kein Geheimnis, dass Gaudí sich vom Montserrat inspirieren ließ. Die runden lebendigen und fließenden Formen des Berges sind sogar das Markenzeichen seiner Bauten. Mehr noch: Im Jahr 1900 plante der Architekt die erste Kreuzwegstation für das Kloster – ehe er den Auftrag aufgrund von Meinungsverschiedenheiten abgab.

Seine Ideen aber verfolgte er weiter. Die verspielte Fassade der Casa Batlló in Barcelona etwa, eines seiner bekanntesten Bauwerke in der Stadt, wölbt sich stellenweise aus wie die Felsen des Montserrat. Oder die Sagrada Familia, die ewige Baustelle, der Gaudí dreiundvierzig Jahre seines Lebens widmete – ihre schwülstigen Türme erinnern nicht zufällig an die frei stehenden Gesteinsformationen. Sie sind ihre Interpretation.

Die Beziehung Kunst und Berg lebt. 1926 entwarf der Modernist Josep Puig i Cadafalch ein Gipfelmuseum. Im Jahr 2004 wurde es renoviert, tausenddreihundert Werke sind zu sehen. Ein Hauptaugenmerk gilt natürlich den großen Katalanen: Ramon Casas, Santiago Rusiñol, Marià Fortuny, Isidre Nonell und Salvador Dalí. Dass man auch Werke von Francisco Gimeno, Pablo Picasso und Claude Monet den Berg hinaufgeschafft hat, unterstreicht den kulturellen Wert noch deutlicher.

Der Montserrat ist eine Reise, ein Stück Ewigkeit, Glaube, Hoffnung, vage Ahnung und Legendenbuch. Und der wahrscheinlich einzige Berg, dem die Ehre zu Teil wurde, eine Insel nach ihm zu benennen. Montserrat, Karibikinsel und heute britisches Überseegebiet, entdeckt am 3. November 1493 von Christoph Kolumbus, Seefahrer im Dienste Spaniens.

# Ein nationales Andersherum

*Die Geschichte einer Niederlage, die zum großen Feiertag wurde*

Josep Argemí i Renom kratzt sich am Kopf. Dann schweigt er kurz. Man kann förmlich sehen, wie er sich müht, die richtigen Worte zu finden. Denn sie wollen gut gewählt sein. Schließlich geht es um nicht weniger, als einem Wildfremdem die *Diada* zu erklären. Den Nationalfeiertag Kataloniens. Jenen 11. September also, der alle Jahre wieder die Spötter aus dem Rest Spaniens auf den Plan ruft; die Journalisten aus Madrid und ihre Kommentare, die konservativen Politiker des Partido Popular und natürlich all ihre Marktschreier. Nur ein Land mit »ausgeprägtem Opfersinn« könne sich »ausgerechnet den Tag einer Niederlage« zum Feiertag ausrufen, heißt es dann immer. Dann werden Witze gemacht. Es wird gelacht. Natürlich auch über die eigene Dummheit und Ignoranz.

Aber Josep ist der richtige Mann, um einem die *Diada* zu erklären. Er ist Rektor der Internationalen Universität von Catalunya. Dass man in so einer Position gebürtiger Katalane sein muss, versteht sich von selbst. »Die Diada«, sagt er, »das ist genau genommen kein Feiertag, sondern mehr ein Gedenktag.« An den 11. September des Jahres

1714, als sich Barcelona nach monatelanger Belagerung den Truppen des Bourbonen Philipp von Anjou ergab. Mit seinem Einmarsch wurden alle Hoffnungen auf Eigenständigkeit zerstört. »Aber man feiert ja gar nicht die Niederlage, sondern den heimischen Widerstandswillen«, sagt Josep.

Es ist selten, dass sich ein Volk ausgerechnet so ein Datum zum Feiertag wählt. Viel einfacher, logischer und für jeden nachvollziehbarer ist es natürlich, sich einen offensichtlicheren Termin zu suchen: Die Spanier zum Beispiel feiern am 12. Oktober ihren *Dia de la Hispanidad,* »El Pilar« genannt, anlässlich der Entdeckung Amerikas durch Christoph Kolumbus. Der war zwar gebürtig aus Genua – legte aber mit der Entdeckung des Kontinents den Grundstein für die spanische Kolonialisierung Süd- und Mittelamerikas. Ein guter Grund zum Feiern also. Zumindest für die Spanier. Oder die Franzosen: Sie feiern ihre Fête nationale am 14. Juli. Zwar nicht wie viele meinen als Jahrestag des Sturms auf die Bastille im Jahr 1789, aber als Erinnerung an das Föderationsfest, das sich auf einen wichtigen Volksaufstand bezieht. Ein großer moralischer Sieg also. Oder die US-Amerikaner: Sie zelebrieren am 4. Juli mit viel Tamtam landesweit ihren Unabhängigkeitstag. Ein Tag der Freiheit!

Es sind abgeschlossene Kapitel der Geschichte, allesamt. Zurückliegende Ereignisse, auf die stets eine glorreiche Zukunft folgte.

Außer bei den Katalanen und ihrem 11. September: Philipp der Bourbone machte Tabula rasa, die Selbstverwaltungsrechte- und Organismen wurden abgeschafft, Katalanisch als Amts- und Unterrichtssprache verboten, seine Truppen erstickten alle Unruhen gewaltsam im Keim.

Im kollektiven Gedächtnis hat diese Zeit Spuren hinterlassen. Man kann sagen: Katalonien fühlt sich immer noch im Widerstand. Der linksrepublikanische Politiker Josep-Lluis Carod Rovira sprach davon, im Jahr 2014, am dreihundertsten Jahrestag der Niederlage, ein Referendum über die Unabhängigkeit Kataloniens abhalten zu wollen. Auch für gemäßigtere Zeitgenossen hat die *Diada* große symbolpolitische Bedeutung: Von den meisten Balkonen hängen die rot-gelb-gestreiften Nationalflaggen, die *Senyeres,* oder die mit einem Stern Unabhängigkeit symbolisierenden *Estelades*. Vor den Denkmälern von Rafael Casanova, *Conseller en Cap* zu Zeiten der Belagerung, des Militärs Josep Moragues sowie an der »Ewigen Flamme« neben der Kathedrale Santa María del Mar werden Blumen und Kränze niedergelegt. Aus Lautsprechern ertönt in den Straßen das »Schnitter-Lied« Els Segadors, die offizielle Nationalhymne Kataloniens. Und natürlich wird am 11. September demonstriert: Mit Ausnahme während der Franco-Diktatur fordern an diesem Tag seit 1901 die unterschiedlichsten Kollektive mehr Autonomie und politische Reformen.

Die *Diada* ist seit 1980 Nationalfeiertag in Katalonien, seit dem Jahr 2003 begeht ihn die *Generalitat* mit einem offiziellen Regierungsakt im Parc de la Ciutadella. Die Wahl fiel nicht zufällig auf den Stadtpark, denn auch dieser Ort ist ein höchst symbolischer: Hier ließ der verhasste Philipp V. 1716 jene gigantische Zitadelle errichten, von der aus die Bewohner Barcelonas in Schach gehalten wurden.

Wer immer schon einmal einen Crashkurs in Sachen katalanischer Identität machen wollte, »sollte den Feiertag zu einem ausführlichen Stadtspaziergang nutzen«, rät Josep. Eine bessere Gelegenheit als die am 11. September gibt es nicht: Das Kulturprogramm ist gespickt mit symbolischen Referenzen. In Lesungen wird bekannter katalanischer Schriftsteller gedacht, im Palau de la Música erklingen die Konzerte heimischer Komponisten. Und mit etwas Glück bekommt man in Barcelona Karten für ein Konzert von Marina Rossell im Gran Teatre de Liceu, wo die Sängerin Lieder aus der Zeit der katalanischen Kulturbewegung *renaixença* schmettert.

»Wenn man es genau betrachtet, ist die Diada ein in die Zukunft gerichteter Feiertag«, erklärt Josep. Ein offenes Buch, in dem noch nicht alle Kapitel fertig geschrieben sind. Es geht um Unabhängigkeit, so viel steht fest. Wie auch immer sie einmal aussehen wird.

# Die einzig Wahre

*Costa Brava – eine Huldigung an die Wilde Küste*

Die Wellen rollen sich mit einem leisen Gurgeln in den Sand. Es riecht nach Salz, nach Meer. Unten in der Bucht von Calella de Palafrugell stehen vier Männer in schwarzen Hosen und weißen Hemden, sie haben die Hände hinter dem Rücken gefaltet und singen von der Liebe, eine alte Melodie, »La Bella Lola«, und man muss kein Spanisch verstehen, um zu ahnen, dass die Geschichte kein gutes Ende nimmt.

Schwermütig vibrieren die Stimmen, die warme Abendluft streicht über die Treppen und Mauern, auf denen die Zuhörer in Grüppchen beisammensitzen, das Lied macht melancholisch auf diese genussvolle Weise, die so gut zum Sommer passt, im Abendwind, mit Gänsehaut und Meerblick.

Einer der vier Männer ist Jordi, die traurigen Gesänge, die er mit seinen Kameraden singt, heißen *havaneres*. Seefahrer brachten sie im 19. Jahrhundert von Kuba und anderen Karibikinseln mit. Die Fischer entlang der katalanischen Küste übernahmen die von Gitarre oder Akkordeon begleiteten Lieder und gaben sie von Generation zu Generation weiter. Im Jahr 1967 fand das erste Festival, »Cantada d'havaneres«, statt, es machte Calella zur offiziellen Hauptstadt dieses Liedguts an der Costa Brava, der Wilden Küste. Immer am ersten Samstag im Juli findet die *fiesta* statt, Tausende von Zuschauern reisen an, auch auf vielen anderen Festen gehören die Gesänge zum Programm.

»Aber nur mit Cremat«, sagt Jordi. Und natürlich hat er recht: Der flambierte Cocktail gehört zu den *havaneres* wie das weiße Tuch zum Stierkampf und ist in den Bars von Calella überall erhältlich: Rum und Zucker, gewürzt mit Zitronenschale und Zimt, flambiert serviert in einem Keramikgefäß. Ist die Flamme heruntergebrannt, wird mit Kaffee abgelöscht und der Cocktail ist fertig.

Für Jordi, einen von den Alten, ist der Zauber der Costa Brava vielerorts noch genau so, wie ihn der katalanische Journalist Ferran Agulló einst beschrieb: als Wilde Küste! Der Schriftsteller stand vor einer Einsiedelei, hoch über dem Meer in der Nähe von Sant Feliu de Guíxols, und was er sah an jenem Spätsommertag des Jahres 1908, waren steile Hänge und leuchtend grüne Pinienwälder, schroffe Felsen und verträumt daliegende Buchten, glasklares türkisblaues Meer und dieses besondere Licht, das später so viele Künstler anziehen sollte.

Hundert Jahre, ein wenig mehr sogar, haben den zweihundertzwanzig Kilometer langen Küstenstreifen aber auch verändert. Bis zum Zweiten Weltkrieg war es vor allem die Korkindustrie, die den Menschen Lohn und Brot bescherte. Jordi erinnert sich noch gut an jene Zeit, er war ein junger

Mann, stark und braun gebrannt. Seine Schwester arbeitete in der Korkfabrik von Palafrugell. Das Ende kam, als der natürlich gewonnene Rohstoff aus Kostengründen dem synthetisch hergestellten Flaschenverschluss wich.

Zeit, den Kopf hängen zu lassen, sich über den Lauf der Dinge Gedanken zu machen, hatten die Küstenbewohner aber keine. Im Gegenteil: In den fünfziger Jahren sattelte der Tourismus die Pferde, es war der Start eines bis dahin nie da gewesenen Galopplaufs. 1954 gab es in ganz Katalonien zweihundertdreiundsechzig Hotels mit zusammen einundzwanzigtausend Betten, zehn Jahre später empfingen zehnmal so viele Hotelanlagen mehr als sieben Millionen Besucher. Bis Mitte der Siebziger verdoppelte sich die Besucherzahl dann fast noch einmal, heute gehört allein die Costa Brava mit viereinhalb Millionen Urlaubern wirtschaftlich gesehen zu den erfolgreichsten Destinationen der Welt.

Die Geschichte des Tourismus ist auch die Geschichte der Menschen, die an dieser Küste leben. Aus jungen Korkarbeitern wurden Maurer und Architekten des neuen Aufschwungs, Hotelhausmeister und Restaurantbesitzer, aus deren Kindern Köche, Hotelfachangestellte, Tourismusmanager, Logistikexperten, Discobetreiber, Türsteher, Surflehrer und Rettungsschwimmer.

Der Aufschwung brachte Wohlstand – aber auch Probleme. In den Siebzigern und Achtzigern hätte man viele Klagelieder über eine angeschlagene Küste singen können. Vielen gilt die Costa Brava heute noch als Paradebeispiel einer rücksichtslosen Übererschließung. Die durch den Tourismus verursachten Umweltprobleme hat man zwar in den Zentren wieder einigermaßen in den Griff bekommen, an den kleinen, schwer zugänglichen und deshalb besonders reizvollen Buchten aber spült das Meer als Rache für den spanischen Einwegwahn Plastikflaschen, Tüten und Hygieneartikel an die Strände. Die immer häufiger auftretenden Quallenplagen sind Folge einer generell gestiegenen Wasserverschmutzung im Mittelmeer, ein Preis, den auch die Industrienation Katalonien bezahlt.

Es geht um Urlaub. Man muss dieses Wort, diesen Ausnahmezustand, erst einmal definieren, um zu verstehen, was er heutzutage bedeutet. Für viele sicherlich erst einmal Ruhe, ein gutes Buch im Koffer, viel Schlaf natürlich, ein gutes Glas Rotwein, Sport treiben sowieso, der wirklich ernst gemeinte Versuch also, sich zu entspannen.

Von der Leine gelassene, also das erste Mal ohne Eltern reisende Teenager interpretieren den Begriff Urlaub freilich etwas anders – erst recht in Lloret de Mar, wo die Wilde Küste tatsächlich wild ist. Die »Tourismuskapitale der Welt«, so preist das örtliche Fremdenverkehrsamt den größten Ferienkomplex der Costa Brava an, konnte sich Agulló in seinen kühnsten Träumen nicht ausmalen, als er vor gut hundert Jahren auf besagtem Hügel stand. Ende Mai bis Anfang September pendelt das Städtchen irgendwo zwischen kommerziellem Wahnsinn und 2,0 Promille. Erst kommen die Abitur-Abschlussfahrten, dann die Busladungen mit Vergnügungssüchtigen aus ganz Europa. Nachdenkliche *havaneres* hört man hier keine, stattdessen Charthits mit der Halbwertszeit eines einzigen Sommers.

Der Tagesablauf: Nach durchgetanzter Nacht und einigen Stunden Schlaf geht es zur Resterholung verkatert an den proppenvollen Strand. Durch ein unkontrolliertes Nickerchen krebsrot verbrannt, sonst aber wieder einigermaßen hergestellt, werden abends die Energiereserven mit Pizza und Hamburgern wieder aufgeladen. Bis Mitternacht gilt es dann mit Sangría und Dosenbier erneut ein enthemmtes Alkohollevel zu erreichen. Man kann davon halten, was man will, aber Lloret (ausgesprochen Joret) ist für Teenager, was der Ballermann für Fußballvereine oder Ibiza für Technojünger – das Nonplusultra in Sachen Party. Man muss es nur wissen, um entweder einen weiten Bogen darum zu machen oder eine Visite einzuplanen.

Die siebenundzwanzigtausend Einwohner vollbringen außerdem ein touristisches Wunder, etwas eigentlich Unmögliches: Im Sommer ist der Ort sündige Partyhochburg, im Herbst und Frühjahr dagegen ein beliebtes Ziel für Rentnergruppen. Rentner! Ein konträres Wechselspielchen, das man auch in Malgrat, Platja d'Aro, Roses und Blanes betreibt und das durch ein Reiseverhalten älterer Zielgruppen möglich geworden ist, wie man es vor zwei Jahrzehnten nie erwartet hätte.

Man muss sich aber immer nur wenige Meter von diesen künstlichen Lebensräumen wegbewegen, um eine von Klischees unberührte Küste zu erleben. Es ist die Costa Brava, von der Rui Taurino sagt: »Es ist immer noch die schönste Küste von ganz Spanien.«

Ferran muss es wissen, der Fotograf aus Girona arbeitet an einem Bildband über die Küste. Dreimal ist er sie dafür abgelaufen, hat die Wanderschuhe angezogen, Stativ und Wasserflasche an den Rucksack geschnallt, Schlafsack obendrauf. Start war in der Serra de l'Albera an der französischen Grenze, einem Qualitätsweinbaugebiet, dessen Erzeugnisse seit 1975 mit der Herkunftsbezeichnung D.O. Empordà-Costa Bava geschützt sind. In dem angrenzenden Naturpark, dem Übergang zwischen Pyrenäen und mediterraner Weichheit, lebt noch völlig wild das Alberarind, eine kleinwüchsige Rasse, die sich vorwiegend von Bucheckern ernährt – und einem auf Wanderungen häufig begegnet.

Die Wanderungen führten Rui zum Monestir Sant Pere de Rodes über Port de la Selva, ein uraltes Benediktinerkloster und vielleicht das bedeutendste romanische Bauwerk an der Costa Brava. Die Bilder zeigen das sommerliche Treiben in der Feriensiedlung Empuriabrava, ein in den sechziger Jahren auf dem Reißbrett geplanter Komplex, durchzogen von einem Netz von Kanälen mit Villen mit Anlegestellen – laut Eigenwerbung die größte Marina-Ansiedlung der Welt, man sieht das kleine mittelalterliche Städtchen Peralada im Hinterland, den Parc Natural dels Aiguamolls, nach dem Ebrodelta wichtigstes Feuchtgebiet Kataloniens, und die Windsurfer am ewig langen Strand in Sant Pere Pescador. Dann die Ruines d'Empùries, eine der bedeutendsten griechischen Städte auf spanischem Boden, und die Medes Inseln, eines von Ruis Lieblingsmotiven, aufgenommen stets mit kleiner Blende und langer Verschlusszeit, damit sich das Mittelmeer wie feine blaue Seide an die Felsen legt. Der kleine Archipel vor dem Ort L'Estartit ragt magisch und schroff aus dem Meer, war im Mittelalter Piratenversteck, später Militärstützpunkt und ist heute wegen seiner Unterwasserwelt ein lohnendes Ziel für Tauchexpeditionen.

Es sind die Bilder einer großen Liebe, das ist nicht zu übersehen. Rui liebt dieses Land. Katalonien. Die Costa Brava. Die Fotos sind zärtlich arrangiert, besonders im Teil zwischen L'Estartit und Palafrugell, eine vielfältige Region mit kleinen Küstendörfern und ausgewogenen Urlaubszentren, im Wechselbad aus Sand- und Felsküste findet der Fotograf seine Kontraste.

In der Gegend liegen mit dem Poblat Ibèric de Ullastret die Ruinen der größten katalanischen Siedlung von vor zweitausendfünfhundert Jahren, und die Platja de Pals mit Blick auf die Illes Medes ist für Rui der schönste Strand des ganzen Landes. Wenn Reisende ihn nach einem Tipp fragen, schickt er sie deshalb auch lieber ins exklusive Begur, das alte Korallenfischerdorf an zerklüfteter Küste. Cap sa Sal und Cap de Begur gehören zum malerischsten, was Katalonien zu bieten hat, so perfekt, »dass sogar Laien mit ihren Schnappschussapparaten Bilder in Postkartenqualität hinbekommen«, lacht Rui.

In Calella de Palafrugell schließt sich der Kreis. Mit »La Bella Lola«, Jordi, den Alten und ihren Stimmen. Melancholisch auf diese genussvolle Weise, die so gut zum Sommer passt, im Abendwind, mit Gänsehaut und Meerblick.

# Kunstrebellen

*Vom Mythos Cadaqués, Dalí und den neuen Helden*

Huc Malla hat mit Ende zwanzig etwas Außergewöhnliches getan. Er hat eine Galerie gekauft, und nicht ein Auto wie die meisten jungen Männer in dem Alter. Eine Galerie in Cadaqués, die 1973 von einem gewissen Lanfranco Bombelli gegründet wurde.

Bombelli, ein Freund der Familie Malla, Italiener aus der Nähe von Mailand und inzwischen verstorben, war der geistige Vater von Huc. Er hat in ihm das Interesse für die Kunst geweckt, ihm seine guten Kontakte und ein schweres Erbe hinterlassen.

Denn Bombelli und seine Galeria Cadaqués, heute Galeria Cadaqués Dos, standen für Sperriges und Querdenkerisches auf Weltklasseniveau. Bombelli sorgte dafür, dass sich in dem kleinen Raum in der Horta d'en Sanés, jener kleinen Gasse gleich unten am Wasser, die Lebenswege namhafter Künstler kreuzten: Joseph Beuys, Man Ray, Antoni Tàpies, Jasper Johns und Richard Hamilton waren da und stellten aus. Marcel Duchamp feierte hier seine erste Ausstellung überhaupt auf spanischem Boden. Max Bill brachte Plastiken und Skulpturen, Hannah Collins ihre besten Fotoarbeiten. Und Dieter Roth verewigte den Geist jener Zeit auf der Schallplatte »Canciones de Cadaqués«, Lieder von Cadaqués.

Die Geschichten, die sich um die kleine Galerie ranken, sind so bunt und facettenreich, dass ihr das Museum für Moderne Kunst in Barcelona sowie das Städtische Museum Madrid vor einigen Jahren Retrospektiven widmeten.

Die allermeisten Besucher werden dennoch nie erfahren, dass dieser Kunstraum existiert. Zu sehr ist die Öffentlichkeit auf einen einzigen Künstler gepolt, der hier in der schmalen Bucht von Portlligat sein Wohnhaus hatte: Salvador Dalí.

Salvador Felipe Jacinto Dalí i Domènech, Marqués de Púbol; in Cadaqués verbrachte der 1904 in Figueres geborene Exzentriker als Kind die Sommerferien stets im Haus seiner Eltern. Die hatten ihm den Namen seines verstorbenen jüngeren Bruders gegeben; ein Trauma, das in Dalí den Gedanken überhaupt erst weckte, aller Welt beweisen zu müssen, er sei anders. Ein Original.

Dalí inszenierte sich bis ins Detail. Eine »Manie der Selbstreklame«, die Weggefährten wie Luis Buñuel später dazu bewegte, sich von ihm abzuwenden. Jede große Boulevardzeitung würde heute für einen wie Dalí eigens einen Korrespondenten abstellen. Er war, was man eine Skandalnudel nennen würde. Aber eine mit avantgardistischem Einfallsreichtum: Als Haustier hielt sich der reichste Maler seiner Zeit einen zahmen Ozelot, ins Pariser Luxushotel Le Meurice ließ er sich eine Herde

Schafe liefern. Von einer auf der Seine treibenden Pontonbrücke feuerte Dalí mit einer historischen Büchse in Tusche getauchte Bleikugeln über den Fluss, um Spritzflecken wie Engelsflügel zu erzeugen. Auf einem anderen Happening präsentierte der 1926 auf königlichen Erlass von der Madrider Kunstakademie verwiesene Paradiesvogel der staunenden Gemeinde ein fünfzehn Meter langes Brot.

Man würde so etwas heute wahrscheinlich als Aktionskunst bejubeln. Und seine im Rentenalter begonnene Beziehung mit der transsexuellen Amanda Lear, bekannt als Peki d'Oslo, würde es jetzt auch noch auf jede Titelseite schaffen.

»Der einzige Unterschied zwischen mir und einem Verrückten ist der, dass ich nicht verrückt bin.« Dieser Satz stammt vom dreißigjährigen Dalí in den ersten Jahren seiner surrealistischen Periode, jener Zeit, als die Kunstwelt noch darüber diskutierte, was unter der neuen Stilrichtung nun wirklich zu verstehen sei. Dalí hatte mit seinem Bild »Der große Masturbator« einige Jahre zuvor einen Tabubruch erster Güte hingelegt, seine Surrealisten-Gruppe um Joan Miró, André Breton, Max Ernst, Tristan Tzara und Paul Éluard war bereits dabei, ihn das erste Mal wegen konterrevolutionären Verhaltens auszuschließen.

Dalí ließ sich nicht beirren, ihm ging es um die Eroberung des Irrationalen. Im Museum of Modern Art in New York hielt er 1935 einen Vortrag über seine paranoisch-kritische Methode, ein Delirium der Interpretation. Die surrealistische Malerei vergegenwärtigte das Unbewusste und fühlte sich den Erkenntnissen der Psychoanalyse Sigmund Freuds verpflichtet, den Dalí 1938 in London traf, um genau jenes zu erörtern. Berühmte Beispiele dieser Schaffensphase sind der anthropomorphe Kabinettschrank mit den sechs aus einer Frau herausstehenden Schubladen und die Beständigkeit der Erinnerung, vier zerfließende Taschenuhren, die vor den schroffen Felsen des Cap de Creus arrangiert sind. Das Abbilden von Traum- und Rauschzuständen wurde zu Dalís Markenzeichen, immer wiederkehrende Symbole waren Elefanten, Giraffen, Krücken, Eier, Brot, Heuschrecken und Ameisen.

»Die Tatsache, dass ich selbst im Augenblick, wo ich male, die Bedeutung meiner Bilder nicht kenne, will nicht heißen, dass sie keine Bedeutung hätten.« (Salvador Dalí, 1935)

Dalís großer Erfolg in den USA ab den Vierzigern, seine Kunst-Millionen, sein Genie und Größenwahn polarisierten die Massen. Die Kunstkritiker wandten sich in seiner klassischen Periode entsetzt von ihm ab, bezeichneten seine Werke als Kitsch. Gut bezahlte Aufträge aus der Werbung, Porträtzeichnungen für Prominente, die Titelblattgestaltung für *Vogue* sowie Krawatten- und Schmuckkollektionen festigten den Eindruck, dass es Dalí nur noch ums Geldverdienen ginge.

Später geriet der Meister auch politisch ins Kreuzfeuer: Ein blinder Gefolgsmann Francos sei er gewesen, Dalí hatte den Ruf als »Hofnarr des Generals«. Noch 1975 habe er dem alterschwachen Diktator ein Glückwunschtelegramm anlässlich der Hinrichtung von fünf baskischen Separatisten gesandt. In einem Interview mit einer französischen Zeitung forderte er gar »dreimal so viele Exekutionen«.

Lanfranco Bombelli kannte Dalí recht gut – auch wenn es nie zu einer Ausstellung in der Galeria Cadaqués kommen sollte. Und Bombelli wagte zu Lebzeiten eine Interpretation der Sache: Er beschrieb den Mann mit dem gezwirbelten Schnauzer als einen mit ausgewachsenem Widerstandsgeist, als einen Provokateur aus Veranlagung. Die derart übertriebenen Lobpreisungen auf den faschistischen Militär waren dem Italiener zufolge nicht ernst gemeint. Man müsse sie vielmehr als »eine surrealistische Art sehen, sich über Franco lustig zu machen«.

Huc Malla hält nicht allzu viel vom Werk Dalís. »Nur seine Arbeiten aus den dreißiger Jahren waren genial«, so der junge Katalane, der in London und New York Kunst studierte. Malla ist einer von denen, die einen klaren Blick auf die Dinge haben. Kunst bedeutet für ihn alles – und nichts. Dem Damals, so scheint es, trauert der Mann mit der eckigen schwarzen Brille nicht hinterher. Cadaqués habe, auch wenn es heute keine Künstlerkolonie mehr ist, mit Gästen wie Henri Matisse, Max Ernst und Pablo Picasso, der in Barcelona die Kunstakademie besuchte, »nichts von seiner Magie verloren«.

Katalonien ist ein Land der Kunst, die Rahmenbedingungen sind ideal: Das Klima ist mild, es gibt allgemeinen Wohlstand, keine die Existenz bedrohenden Krisen oder gar Kriege. Dabei ist es heute schwieriger denn je, Stilrichtungen einzuordnen, oder sie im Überangebot überhaupt erst zu erkennen. Definitionen wie im Surrealismus, Dadaismus und Kubismus gibt es nicht, vielmehr Abwandlungen und Weiterentwicklungen, eine sich keine Grenzen auferlegende Moderne.

Große katalanische Namen auf der internationalen Kunstbühne sind heute Miquel Barceló und Jaume Plensa. Der auf Mallorca geborene Barceló, Maler und Bildhauer, Jahrgang 1957, steht für abstrakt Zeitgenössisches, Keramikkunst und Actionpainting, seit der documenta 1982 ist er ein Star mit Bildern im Louvre und im Guggenheim Museum Bilbao. Der Skulpteur Plensa, Jahrgang 1955, begeistert von Paris über Chicago und Tokio bis Wien. In Barcelona sieht man einige seiner Arbeiten in der Fundació Joan Miró. Die Zukunft gehört Künstlern wie Xavier Déu oder Jesús Galdón.

Die Kunst bleibt in Cadaqués, was sie immer war: ein menschliches Kulturprodukt, sie ist Ergebnis eines kreativen Prozesses, gegründet auf Wissen, Übung, Wahrnehmung, Vorstellung und Intuition. Oder wie Antoni Tápies einmal sagte: »Kunst ist ein Zeichen, ein Ding, das die Realität in unserer geistigen Vorstellung wachruft.«

# Grenzgeschichten

*Portbou: Hier beginnt Katalonien*

An Grenzen endet nichts abrupt, es wechselt nichts von Schwarz zu Weiß. Vielmehr steigt der Grad der Mischung. Auch in Portbou, dem Tor zur Costa Brava, Spaniens Grenzörtchen mit seinen tausendsechshundert Einwohnern.

Für die einen beginnt hier Spanien. Andere zählen Portbou, wenn auch mit einem Schmunzeln, noch zu Frankreich. Und die Katalanen sind sich uneins über die Bedeutung des Dorfes: Für viele ist Portbou, am westlichen Ende vom Golf du Lion gelegen, der geografische Anfang von Catalunya. Für Traditionalisten wiederum existiert hier überhaupt keine relevante Grenze der autonomen Region, weil sich Nordkatalonien ja in ihren Augen bis auf das Gebiet des Départements Pyrénées-Orientales auf französischer Seite erstreckt. So einfach, wie es einem die Landkarte mit ihrem roten Grenzstrich glauben machen will, ist es also nicht.

Die meisten Urlauber würden auf ihrem Weg gen Süden nicht in Portbou haltmachen – wenn sie nicht müssten. Denn ohne dass darüber diskutiert werden könnte, beginnt in Portbou die spanische Spurbreite. Die ist vierundzwanzig Zentimeter breiter als im Rest Europas und rechtfertigte den im Jahr 1878 erbauten monströsen Grenzbahnhof. Das riesige Stellwerk und die tunnelartige Stahldachkonstruktion aus der Feder von Gustav Eiffel dominieren den Ort, der reizvoll in einer tief eingeschnittenen Bucht liegt, an deren Flanken sich Pyrenäenausläufer ins Blau der Costa Brava werfen.

Um diesen überproportionierten Grenzbahnhof herum entwickelt sich bis heute in den Sommermonaten so etwas wie rege Betriebsamkeit. Es gibt ein paar Restaurants, eine kleine Rambla, der Platja Gran mit seinen Kieselsteinen bietet einen ärztlichen Notdienst.

Trotzdem: Portbou haben die meisten der Hunderttausenden von Talgo-Reisenden schnell wieder vergessen. Es gibt wohl niemanden, der ernsthaft die Beamten mit ihren abgerichteten Spürhunden, die Passkontrollen und die Schlange vor der Wechselstube vermisst. Höchstens einige wenige, denen dieses ganze Prozedere den Moment des Übergangs vom einen ins andere vergegenwärtigte. Momente, in denen das Gefühl der Durchreise einem kurzen, mit Spannung geladenen Innehalten wich.

Inzwischen kommen von Jahr zu Jahr weniger Touristen hier durch, viele Häuser im Ort stehen leer, Fenster sind mit Brettern vernagelt, die Türen teils wunderschöner Altbauten zugemauert. Der moderne Reisende fliegt, angeblich hat er weniger Zeit als früher.

Dabei würde es sich lohnen, einen ganzen Tag in Portbou zu verbringen. Nur fünf Fußminuten vom Bahnhof entfernt liegt oberhalb der Klippen der *cementiri municipal*, ein kleiner Friedhof. Ein Hinweisschild mit der Aufschrift »Memorial W. Benjamin« erinnert an den jüdischen Schriftsteller und Philosophen Walter Benjamin, der sich in dem Küstenort am 26. September 1940 das Leben nahm.

Der gebürtige Berliner war auf der Flucht, Portbou war Etappenziel seines Ausbruchversuchs aus dem Machtbereich von Nazi-Deutschland. Über Lissabon wollte er nach Amerika überschiffen und dort andere intellektuelle Exilanten wie seinen Freund Theodor W. Adorno finden, die nötigen Stempel zur Einreise in die Vereinigten Staaten hatte er. Was fehlte, war der Ausreise-Stempel aus Vichy / Frankreich.

Nachdem die spanische Grenzpolizei befunden hatte, dass seine Papiere nicht zur Einreise berechtigten, tat Benjamin, was man wohl einen Präventivschlag gegen sich selbst nennt. Für den Fall einer Verhaftung, einer Auslieferung an die Gestapo, den Fall totaler Hoffnungslosigkeit trug der damals Achtundvierzigjährige Morphium bei sich. Im Hotel de Francia schrieb Benjamin seinen Abschiedsbrief auf den Rand einer Zeitung: »In dieser ausweglosen Situation habe ich keine andere Wahl, als sie zu beenden. In einem kleinen Pyrenäendorf, in dem mich niemand kennt, wird mein Leben ein Ende finden. Es bleibt mir nicht genügend Zeit, all die Briefe zu schreiben, die ich gerne geschrieben hätte.«

Von dieser Tragödie wissen wenige, die nach Portbou kommen. Sie sind ja auch nur auf Durchreise, haben schnell die erste *paella* des Urlaubs verdrückt und rauschen dann auf neuer Spurbreite weiter in Richtung Süden. Vielen Einheimischen wäre es vielleicht auch lieber, es gäbe die Gedenkstätte beim Friedhof nicht. Zumindest hat man darauf verzichtet, das Schicksal des Philosophen auch in dessen eigener Sprache auf die viersprachigen Infotafeln zu drucken. Und das, obwohl deutschsprachige Besucher die größte Reisegruppe Kataloniens stellen.

Würde die Geschichte auf Deutsch auf den Schildern stehen, man würde unter anderem erfahren, dass die spanischen Grenzbeamten vom Freitod Benjamins so betroffen waren, dass sie den Rest der Gruppe einreisen ließen.

Das Denkmal selbst, »Passages«, ist eine Installation des israelischen Bildhauers Dani Karavan aus dem Jahr 1994. Ein Tunnel aus Corten-Stahl, rostbraun. Oben am Eingang hört man die Geräusche des Bahnhofs wie ein Echo aus Benjamins Zeiten, eine unheimliche Erinnerung an die Güterzüge mit Ziel Vernichtungslager. Achtundsechzig Stufen führen hinab in einen kalten klaustrophobischen Korridor, in dem die eigenen Schritte hallen. Mit jeder Stufe kommt das Meer näher.

Am Ende öffnet sich der Gang, der Blick wandert weit über Meer und Berge, man hört die Wellen. Ein wunderschöner, trügerischer Eindruck von Freiheit, an dessen Ende doch nichts bleibt als die Umkehr. Die Freiheit endet an einer Glasscheibe, in der man sich selbst umrisshaft erkennt. Auf ihr steht das bewegende Zitat von Walter Benjamin: »Schwerer ist es, das Gedächtnis der Namenlosen zu ehren als das der Berühmten. Dem Gedächtnis der Namenlosen ist die historische Konstruktion geweiht.«

Ursprünglich war das Denkmal von der Bundesrepublik Deutschland für Benjamins hundertsten Geburtstag in Auftrag gegeben worden, jedoch zog sich das Außenministerium damals ohne überzeugende Erklärung aus der Finanzierung zurück. Es wird vermutet, die deutschen Behörden hätten sich unwohl dabei gefühlt, ein Denkmal für einen Juden außerhalb des Staatsgebiets zu finanzieren, obendrein für einen tendenziell marxistischen Philosophen. Letztlich war es die katalanische Regierung, die das fehlende Geld für die Fertigstellung aufbrachte.

Portbou. Grenze. Eine Grenze, der man sich nicht nur auf der Schiene nähert, oder mit dem Auto aus Frankreich, um billig zu tanken und Zigaretten einzukaufen, sondern auch zu Fuß. Seit dem Jahr 2007 gibt es den historischen Wanderweg Chemin Walter Benjamin. Über fünfzehn Kilometer führt er hinüber nach Banyuls-sur-Mer, von wo aus die Flüchtlingsgruppen damals ihren Marsch nach Franco-Spanien versuchten.

Auf dem Weg durch landschaftliche Schönheit, gestreichelt von mediterranen Düften liegen alte Dienstposten, Relikte einer alten Ordnung, bewohnt nur noch von den Geistern ihrer einstigen Macht. Grenzposten, die heute nur noch als Graffitileinwand taugen. Von dieser Seite der Bucht ist das Größenverhältnis von Karavans »Passages« beeindruckend: ein riesiger, in die Landschaft geschnittener Kanal, eine unauslöschliche, im Land versinkende Linie.

Der Weg ist die alte F-Route. F wie Fittko. Die österreichische Schriftstellerin Lisa Fittko organisierte für Benjamin und viele andere die Grenzflucht. Ihr autobiografischer Band »Mein Weg über die Pyrenäen« beschreibt eindringlich, was in jenen Tagen geschah. Der in Wien aufgewachsenen Widerstandskämpferin und ihrem Mann, Hans, wurde am Ende des Weges auf französischer Seite ein Denkmal errichtet. Ein Stück Geschichte von Portbou, von Katalonien, liegt somit also unauslöschlich in Frankreich.

# Sterne und Tomatenbrot

*Kataloniens kulinarischer Jahreskalender*

Ohne *pa amb tomàquet,* geröstetes Brot mit Olivenöl beträufelt, gesalzen und mit dem Saft einer halbierten Tomate eingerieben, findet in Katalonien kein Essen statt.

Das meint auch Siscu Benajes, Chefkoch des Restaurants La Masia del Pla außerhalb der Ortschaft El Pla de Santa Maria. Wie viele Tonnen roten Tomatenfleischs er in seinem Leben als Koch schon auf getoastete Weißbrotscheiben gestrichen hat, weiß er nicht. Aber er hat auf jeden Fall noch einen Tipp parat: »Essen Sie nicht zu viel davon, denn die richtig guten Sachen kommen erst noch!«

Siscu hat recht: Wie in den meisten Regionen Spaniens genießt das Essen auch bei den Katalanen einen extrem hohen Stellenwert. Kaum eine Straßenecke, die ohne eine Bar auskommt, kaum ein Tag, an dem nicht irgendwie ausgegangen wird. Sich mit Freunden im Lokal zu treffen, bei einem Glas einen Happen zu essen, gehört zum guten Ton – und wenn man an anderer Stelle sparen muss.

Heute macht Siscu *calçots*. Die weißen Zwiebeln werden auf einem groben Rost so lange über offenem Feuer gegrillt, bis die äußere Haut schwarz geworden ist. Stilecht werden die *calçots*, eine Art

Frühlingszwiebel, anschließend auf halbrunden Dachziegeln serviert. Dazu kommt bei Siscu eine würzige *Romesco*-Soße. Seine Gäste tunken und kleckern, was das Zeug hält. Meist kommen sie gleich gruppenweise aus Barcelona. Ohne die vorher ausgegebenen Lätzchen wäre es eine schöne Sauerei.

Das Angebot an katalanischen Spezialitäten ist riesig. Und als Erstes muss man sich von der Vorstellung befreien, hier im Nordosten Spaniens eine ausgeprägte *Tapas*-Kultur wie beispielsweise im Baskenland oder in Zentralspanien vorzufinden. Zwar bekommt man in Katalonien auch *tapas*; aber generell zelebriert man beim Essen lieber den feinen Unterschied zum Rest des Landes und setzt auf Regionalität und Saisonalität. Die sicherlich beste Kostprobe des Landes sind die sechzehn kulinarischen Routen, die Katalonien durchziehen. Wie die Route des Weins, die bei Winzern und in Weingegenden ihre Stationen hat. Oder die Route des Fisches, die Besucher zu den Menschen bringt, die vom Meer leben, zu ihren Märkten und in ihre Restaurants. Karten und genaue Beschreibungen sind beim Katalanischen Fremdenverkehrsamt erhältlich.

Ein kulinarischer Jahreskalender: Im Januar, wenn die Erntezeit für Kohl, Mangold, Spinat und Mohrrüben ansteht, haben auch die *calçots* in Katalonien ihren großen Auftritt. Das bekannteste Frühlingszwiebel-Essen findet Ende Januar in Valls statt. Auf die Teller kommen im Winter auch die ersten Schneckengerichte, es ist der Auftakt zum großen

Kriechtierschmaus, der im Mai mit dem »Aplec del Caragol«, dem Schneckenfest von Lleida, sein Finale findet. Ebenfalls eine echte Winterdelikatesse sind Seeigel, bekannt als *garoina* oder *garota de roca*. Der Meeresfrucht widmet man in Palafrugell Ende Januar eine große Schau, auf der kiloweise die weichen, intensiv nach Meer schmeckenden Geschlechtsdrüsen der Seeigel verspeist werden. Um an sie heranzukommen, werden die stacheligen Tiere von unten geöffnet – eine kulinarische Spezialität, die mit etwas Pfeffer und Zitronensaft bis März in den Restaurants rund um Calella, Llafranc und Llofriu angeboten wird. Wer in den Landkreisen Garraf und Penedès unterwegs ist, findet auf den Speisekarten ganz sicher auch *xató* – ein aus Endivie, Anchovis, Stockfisch und Thunfisch zubereiteter Salat.

Im Februar ist es dann Zeit, weiße Rüben, Kohl und Artischocken auf den Tisch zu bringen. Dazu Stockfisch, *bacallà,* in verschiedenen Variationen. Bekannte Rezepte sind *bacallà de la llauna,* ein typisches Gericht barcelonesischer Gasthäuser aus dem 19. Jahrhundert, oder Stockfisch mit Ratatouille, *allioli,* als Krapfen oder einfach als Kroketten. Ein Muss ist Ende des Monats das Maismehlfest, die *Fira del Farro,* in Vall de Bianya. Der *farro* ist ein sehr schmackhafter Maisbrei aus verschiedenen Maissorten, eine Creme oder Polenta und ursprünglich ein Arme-Leute-Essen.

Der Fastenmonat März geizt im katholisch

geprägten Katalonien wie überall mit gastronomischen Reizen. Außer am 19. März! Da hat man den Bischöfen und Priestern einen süßen Streich gespielt, und den Sankt-Josef-Tag kurzerhand zum Tag der *crema catalana* gemacht. Die sogenannte Sankt-Josefs-Creme und *crema catalana* sind ein und dasselbe – ein herrliches Dessert mit Karamellkruste, natürlich das ganze Jahr über auf allen Speisekarten Kataloniens zu finden.

Der April ist die Zeit der Saubohnen, der Erbsen und Erdbeeren. Der süßen Roten sind in der Maresme, einem traditionellen Anbaugebiet, gleich mehrere Feste gewidmet. Um genau zu sein, werden in Arenys de Munt, Canet de Mar und Sant Pol de Mar gastronomische Erdbeerfeste gefeiert. Dort bekommt man dann auch so verrückte Sachen wie Hähnchen mit Erdbeerfüllung und süßsaurer Soße.

Im Mai beginnt ganz klassisch die Frühjahrsküche mit geschmorten Erbsen, Miesmuschelessen, Bohneneintöpfen und Garnelen bis zum Umfallen.

Der Juni ist die Zeit der Kirschen und Tomaten. Der sonnenverwöhnte Monat kommt mit *sunquet de peix,* Fischeintopf, daher. Oder unverzichtbar: mit *rossejat,* Reis in Fischsud, serviert auf einem Tonteller. Am besten probiert man diese Spezialität im Baix Penedès mit Weinen aus der Region.

Der Juli steht ebenfalls im Zeichen der Tomatenernte. Vom 15. Juli bis 31. August finden in der Maresme dazu anlässlich viele Feste statt, auf denen dann die okzitanische Küche zelebriert wird, die zwar der mediterranen zuzurechnen ist, aber deutliche Unterscheidungsmerkmale aufweist. Charakteristisch für die okzitanische Küche sind Kräuter wie Rosmarin, Thymian, Oregano und Basilikum, allerdings auch Kohlrouladen, Wildschwein, Kaninchen in Senfsoße, Forellen und Entenleberpastete.

Im August beginnt sich das Ernterad bereits fürs neue Jahr zu drehen: Es ist Pflanzzeit für Blumenkohl und Broccoli. Darüber hinaus huldigt man in Katalonien, speziell an der Costa Daurada, der Haselnuss. Ein bedeutender Handelsplatz ist die Stadt Reus. Ein Muss sind Sardinen – ein Sommergericht par excellence. Viel Fett, Vitamine und Proteine machen den kleinen Fisch zum Mittelpunkt vieler Festessen. Gegrillt, gebraten, gesalzen oder mariniert, mit Petersilie oder Knoblauch: Die Sardine ist eine Gaumenfreude.

Im September folgt die Apfel- und Birnenernte, zeitgleich säen die Bauern Kartoffeln und Rüben aus. Es ist auch die richtige Zeit, ein altes Fischerrezept zu kosten, ein typisches Gericht aus Tossa de Mar. *Cimitomba* heißt es, ein im Topf mit Kartoffeln, Zwiebeln und Paprikaschote gekochter Fisch, zum Beispiel Seeteufel, verfeinert mit einem Schuss Olivenöl.

Der Oktober bietet in Katalonien dann reichlich Gelegenheit, sich Winterspeck anzufressen: Im Ebrodelta finden die gastronomischen Tage des Reis statt, dort kommt die vielleicht beste *paella* von ganz Spanien auf den Tisch – mit Tintenfischtinte,

Fisch und Meeresfrüchten satt. Dazu sind weiter im Norden Pilzgerichte in allen Variationen die Könige des Herbstes: Pfifferlinge, Steinpilze, Schnecklinge, mit Blutwurst gebraten, Knoblauch und bestem Olivenöl. Allein dafür lohnt sich die Reise.

Im November präsentieren etwa die Winzer von Gandessa ihre besten Tropfen, Besucher verkosten an zahlreichen Ständen kostenlos Weine. Zweifellos: Ein seliges Miteinander, das mancher bis in den Adventsmonat auskostet.

Im Dezember dann muss der Magen viel Gutes aushalten: Angefangen bei *torró* von Haselnüssen und Honig bis zu kiloweise Schmalzkeksen, Waffelröllchen und Marzipan. Aller Nascherei zum Trotz bleibt immer noch genug Platz für *canelones*, und am Ersten Weihnachtsfeiertag traditionell eine gewöhnungsbedürftige Fleischbrühe mit labbrigem Broteinsatz. Gut, dass es als zweiten Gang in den meisten Haushalten Truthahn oder Hähnchen, gefüllt mit Pflaumen, Wurst und Pinienkernen gibt.

*Calçots* aus Valls, Clementinen, Reis und Meeresfrüchte aus dem Ebrodelta, Äpfel aus Girona, Käse aus Urgell, Olivenöl und Wein aus Terra Alta und Rindfleisch aus den Pyrenäen: Bei so einer Vielfalt an Produkten und heimischen Qualitätserzeugnissen verwundert es nicht, dass Katalonien die Heimat vieler Spitzenköche ist. Mehr als vierzig Michelin-Sterne hat Katalonien seit Jahren zu bieten. Allen voran wegen Santi Santamaria aus Sant Celoni, Carme Ruscalleda aus Sant Pol de Mar und

Ferran Adrià mit seinem Restaurant El Bulli in Roses reisen Feinschmecker aus der ganzen Welt an.

Speziell an Ferran Adrià zeigt sich der Stellenwert, den die Küche in Katalonien einnimmt: Er ist ein Volksheld. Das Fernsehen veralbert ihn in TV-Shows wie anderswo Staatspräsidenten auf die Schippe genommen werden. Den Mann aus L'Hospitalet de Llobregat kennt beinahe jeder. Und man muss gestehen: Sein Restaurant ist tatsächlich einzigartig. Weltweit.

Das E-Mail-Postfach des El Bulli quillt täglich über, mehr als hunderttausend Reservierungsanfragen stellen Menschen aus der ganzen Welt pro Jahr. Nur achttausend Glückliche bekommen eine Zusage für das wahrscheinlich außergewöhnlichste Abendessen, das unser Planet derzeit zu bieten hat: Ein Dreißig-Gänge-Menü, »auf das jeder Bewerber, unabhängig von Rang oder Geldbeutel, die gleiche Chance hat«, betont Adrià mit einer Klarheit, dass man ihm das ungeprüft abnimmt.

Im Alter von siebzehn fing Adrià als Tellerwäscher in einem Restaurant im Ferienort Castelldefels an. Es folgten Anstellungen als Hilfskoch, ehe 1984 seine Karriere im damals noch unbekannten El Bulli begann, wo er im Alter von zweiundzwanzig Küchenchef wurde. Heute gilt jedes Gericht, das er kreiert, als Kunstwerk. Sogar auf die documenta nach Kassel hat man ihn geholt, um »Essen als Kunst« zu präsentieren.

Adrià selbst sieht sich nicht als Künstler. Er hat

sogar ein echtes Problem mit dem Begriff. Kunst, das ist für ihn »eine flüchtige Sache«. Die Welt, um die sich wirklich alles dreht, seine Realität, ist die Küche des El Bulli: ein großer Raum mit schwarzem Steinfußboden, durch riesige Fenster fällt viel Tageslicht, dahinter schließen helle Felswände den Ausblick ab. Die Arbeitsflächen sind großzügig angelegt, darauf zischt, dampft und pfeift es aus ein paar Dutzend silbernen Töpfen.

Es ist, was in dieser Welt entsteht, das für viele eben schon an Kunst grenzt: Parmesan wird in Flüssigstickstoff bei minus hundertsechsundneunzig Grad zu Kristallen gefroren und mit Müsli und Lufteis serviert, Salzstreuer mit duftendem Kunstnebel befüllt, Gemüse-Gelatine-Streifen mit Holzkohlenöl gewürzt. Hier entsteht heißes Eis, Bonbons aus Olivenöl, mit Ingwer und Kokosnuss gefüllter Tintenfisch. Man serviert eine Mousse aus Muschelfleisch in einem Mantel von hauchdünnem Schweinespeck und injiziert Eiern vor dem Kochen Kaviarpaste. Kurz gesagt: Adrià überschreitet Grenzen, macht, was andere Köche im Traum nicht ausprobieren würden. Ein Team aus vierzig meist jungen Köchen setzt ohne Gehalt die Vision des Ferran Adrià um. Tausendfünfhundert Bewerber bitten jedes Jahr um die Chance, einmal für sechs Monate dazugehören zu dürfen – und somit ihren Lebenslauf zu vergolden.

Doch der Ruhm hat auch seine Kehrseite: »Heute heißt es Kunst, bis eben hieß es noch Molekular-

Gastronomie«, regt sich Adrià auf, schüttelt den Kopf und reibt sich die Augen. Molekular-Gastronomie. Wieder so ein Ausdruck, den die internationale Presse erfunden hat. Sogar von einem Labor ist immer wieder mal die Rede, in dem mit medizinischem Gerät gekocht würde. Andere schrieben »von einem riesigen Kreativteam«, sagt Adrià und sieht etwas hilflos aus.

Hilflos gegenüber dem, wie sich alles entwickelt hat. Mit jedem Beratervertrag, auf den er sich nach Preisen wie »Restaurant des Jahres 1996«, »Bestes Restaurant der Welt 2002 und 2006« und »Internationaler Eckardt-Witzigmann-Preis 2005« einließ, seien den Werbeagenturen neue Hirngespinste entwichen, um den Umsatz von Produkten zu fördern, für die er plötzlich warb. Wäre Adrià einer, der mit Zirkuszelten, Artistik und Feinschmeckerwerbung durch die Lande reiste, hätte ihn das sicher gefreut. Aber er ist ein Katalane, der sich nie vorstellen könnte, woanders zu kochen als in jener kleinen Bucht bei Roses in der Provinz Girona, die für ihn pure Inspiration bedeutet.

Eines ist ihm klar geworden: »Essen braucht nichts weiter als sich selbst, ein Gericht steht gut für sich allein, ist Kontext und Inhalt für den Moment.« Der Reichtum der Küche ist das, was einem auf den Märkten Kataloniens täglich begegnet: Fisch, Fleisch, Meeresfrüchte, Brot, Mehl, Eier, Salz. Etwas eigentlich sehr Verständliches.

# Schnee und Berge

*Ein Wintertag in Katalonien*

Schnee, das ist etwas ganz Unglaubliches, etwas Unfassbares, ja beinahe Unreales. Etwas, womit viele Katalanen im Alltag keinerlei Erfahrung haben. Und so ist es für Nordeuropäer alle Jahre wieder ein amüsantes Spektakel, wenn das Nationale Meteorologische Institut Spaniens Weiß bis in tiefere Lagen vorhersagt.

Es ist Mitte Januar, Lars und seine Freundin Sabine, begeisterte Wanderer und Bergsteiger, wollen auf den Montserrat hinauf. Am Parkplatz angekommen, stiefeln die beiden zum Fahrkartenhäuschen der *cremallera*, der elektrischen Zahnradbahn.

»Zwei Tickets, bitte«, sagt Lars.

Die Dame im Büdchen blickt verdutzt aus ihrer Zeitung auf, sie hatte nicht damit gerechnet, dass heute jemand kommen würde.

»Zweimal, bitte«, wiederholt Lars.

Die Frau von der Zahnradbahn mustert die beiden Touristen noch ein wenig länger.

»Es liegt Schnee«, sagt sie dann. Und weiter: »Die Bahn fährt heute nicht.«

»Wo liegt denn hier Schnee?«, fragt Sabine.

»Oben, auf dem Gipfel«, so die Dame, »viel Schnee.«

Lars und Sabine schauen einander irritiert an: Ein bisschen Schnee, eine Zahnradbahn, die nicht fährt, Katalonien kapituliert.

»Wo beginnt denn dann der nächste Wanderweg zum Gipfel?«, fragt Lars.

Die Dame schaut jetzt beinahe überfordert aus, überlegt, was sie antworten soll.

»Aber es liegt doch Schnee«, meint sie nach einer Pause. »Verstehen Sie denn nicht? Schnee!«

Lars und Sabine verstehen, dass sie sich den Gipfelsturm aus dem Kopf schlagen müssen. Und erst tags darauf erfährt das Paar aus Freiburg aus einer zwanzigseitigen Zeitungs-Sonderbeilage das ganze Ausmaß des Wintereinbruchs: Ab sechshundert Höhenmetern war alles fein angezuckert. Wie im Bilderbuch. Ein Wintermärchen, das sich in Gipfelnähe des Montserrat auf Schneehöhen von bis zu fünf Zentimeter auswuchs. Sogar am Strand von Barcelona lag Schnee. Nicht, dass irgendetwas länger liegen geblieben wäre als fünf Minuten. Nein, aber es hat geschneit! Tausende haben sich in ihre dicksten Anoraks geworfen und sind zum Meer spaziert, um wenigstens eine Flocke zu sehen. Irgendwer hat sogar am Strand einen mitgebrachten Schlitten vergessen.

Katalonien und Schnee, das ist keine eindeutige, leicht zu begreifende Angelegenheit. Alles, was kalt ist, passt erst einmal nicht in das südländische Leben, das man so gerne führt. Man zieht keine Winterreifen auf, hat keinen Eiskratzer im Auto liegen. Salz, um es auf den Gehweg zu streuen, hat niemand parat, genauso wenig gehört die Schneeschaufel zur häuslichen Standardausrüstung – außer in den Pyrenäen.

Zwischen Dreitausendern wie dem Pica d'Estats und dem Aneto im aragonesischen Streifen, dem Canigó, dem ersten hohen Gipfel vom Mittelmeer aus gesehen, dem Puigmal und Pic de Carlit, ist Winter wirklich Winter. Das Kalte und Hochalpine, hier darf es sich Teil des katalanischen Wesens nennen. Die großzügig weich geschwungenen Bergketten reichen vom Cap de Creus bis zum Val d'Aran. Ein Stück Land, das sich seine Ursprünglichkeit in weiten Teilen bewahrt hat.

Badeorte wie Lloret de Mar, Malgrat, Empuriabrava oder Platja d'Aro sind beinahe jedem ein Begriff, entweder kennt man sie aus dem Fernsehen oder war selbst schon dort. Pyrenäen-Orte wie Núria, Baquèira oder La Molina dagegen kennt selten einer im Ausland.

So wird aus dem Unwissen der meisten ein Glücksfall für alle anderen. Die dreiundfünfzig Pistenkilometer von La Molina sind – wie auch andere katalanische Reviere – Geheimtipps, die diesen Namen verdienen. Es gibt Tiefschneeabfahrten, Doppelmayr-Kabinenbahnen und -Sessellifte surren, die längste Piste führt knapp sechs Kilometer ins Tal hinab. Der Park für Snowboarder ist von einer Qualität, dass der Weltcup hier Station macht. Auf dem Programm stehen Skiwandern, Langlauf,

Schneeschuh-Expeditionen, Motorschlittentouren, es gibt Skischulen, Materialverleih, Schneekanonen und Lluis Brossa.

Lluis ist dreiunddreißig Jahre alt und Bügelgeber in La Molina. Der junge Mann aus Olot steht am Lift und gibt Skitouristen hilfsbereit den Bügel, bei Damen greift er besonders beherzt zu und klemmt die Stange hin, wo sie hingehört.

Wenn man so will, ist Lluis als Bügelgeber eine Art Rettungsschwimmer des Winters. Er kennt sein Revier, die Hügel, jede Unwägbarkeit. Er sorgt mit verspiegelter Sonnenbrille für Sicherheit und erkennt schon beim Anstehen mögliche Sturz-Kandidatinnen und -Kandidaten. Eine Berührung hier, ein wie zufällig gesetzter Klaps dort; für gewöhnlich bleibt alles ohne Folgen oder wird mit einem Lächeln quittiert.

Im Wesentlichen birgt ein Skitag in den Pyrenäen, verglichen mit den Alpen, zwei wesentliche Unterschiede. Erstens: Das Niveau der Abfahrten ist generell leichter, die Berge fallen weniger steil ab, die Landschaft kurvt sich weiter, alles ist weicher und weniger kantig, nicht so spitz wie in Österreich oder in der Schweiz. Zweitens: die Hüttenkultur.

Als Alpenfahrer ist man verwöhnt, was eine urgemütliche Jause angeht; mit landestypischen Spezialitäten, Sonnenterrasse und Aussicht. In den katalanischen Revieren geht es bis auf Ausnahmen einfacher zu: Statt frisch Gezapftem im Glas gibt's Dosenbier im Plastikbecher, statt regionaler

Schmankerln oder Deftigem eher Hamburger, belegte Baguette oder Tütenchips. Akkordeonmusik, Alphornbläser und der »Anton aus Tirol« fehlen gänzlich, nicht jeder wird es freilich vermissen. Das Preisniveau steht – wie auch bei den Skipässen – den Alpenrevieren in nichts nach, Familien nutzen daher auch nur zu gerne die Picknickräume an den Talstationen.

Es wird Abend, die Berge fluten die Täler mit ihren Schatten. Die Temperatur fällt schnell, die Lifte schließen um 17 Uhr. Lluis macht sich auf den Weg nach Llívia, einem kleinen Ort in den französischen Pyrenäen, der aber offiziell noch zu Katalonien gehört.

Da ist sie wieder, diese Frage, die einen auf Katalonienreisen ständig begleitet: Wo fängt dieses Land eigentlich an, wo genau hört es auf? Es ist die immer gleiche Diskussion, das alte Lied. Die Wahrheit ist: Grenzen haben sich verschoben; Zuständigkeiten haben sich verschoben. Die Berge nicht. Die Täler auch nicht. Die Pyrenäen, ihr Granit und Kalkstein, haben sich in hundert Millionen Jahren Entstehungsgeschichte um menschliche Belange, Begierden und Fehden nie geschert. Geografisch sind sie, wenn überhaupt, ein trennendes Element, ein grandioser Sperrriegel vor der Iberischen Halbinsel. Die Anrainer haben aus den Bergen ein gemeinsames Kulturgut gemacht, über Grenzen hinweg benutzt man, je nachdem wo, die gleichen Sprachen: Katalanisch, Gaskognisch oder Baskisch.

Nahe der kleinen Stadt Prades, auch Prada de Conflent, Heimat des katalanischen Cellisten Pau Casals, stehen die romanischen Klöster Sant Miquel de Cuixà und Sant Martí del Canigó. Es sind bedeutende Wahrzeichen der katalanischen Kultur, nur, dass sie heute in der französischen Region Languedoc-Roussillon liegen. Oder eben in Nordkatalonien, ganz wie man es betrachtet.

Oder nehmen wir das Val d'Aran, ein reizvolles Hochtal beim Maladeta-Massiv. Es ist Frankreich geografisch viel näher als Spanien, liegt es doch auf der Nordseite des Pyrenäenkamms. Die Wasser des Flüsschens Garona fließen denn auch über die Grenze, um bei Bordeaux in den Atlantik zu münden, nicht Richtung Mittelmeer. Von Katalonien aus war das abgelegene Tal lange nur per Fuß erreichbar – und nur im Sommer über den Pass Puerto de Bonaigua. Es lag so abgeschieden, dass sich ein eigener Dialekt bildete, das Aranès, eine Variante des Gaskognischen. Die Einwohner des Tales sehen es gar als eigene Sprache, wie sie sich auch nicht als Katalanen fühlen. Wieder so eine nationalistische Reduktion, Ergebnis einer jahrhundertelangen Autonomie, die sich das Val d'Aran bis heute bewahrt hat. Bewegung in die Isolation kam in den vierziger Jahren durch den Bau des fünf Kilometer langen Túnel de Vielha – damals sicher ein Fortschritt, aus heutiger Sicht ein Albtraum in Sachen Sicherheit.

Ein weiterer Sonderfall ist gleich ein ganzes

Land: Andorra. Am Südhang der Pyrenäen zwischen Katalonien und Frankreich gelegen, misst es gerade einmal vierhundertsechzig Quadratkilometer, ist also kleiner als manch spanischer Nationalpark. Wahrgenommen wird es nur als Wintersport-Ressort, Duty-free-Oase, Steuerparadies oder Romantitel.

Echte Andorraner, also jene, die dort geboren wurden oder seit mehr als zwanzig Jahren leben, gibt es gerade einmal achttausendfünfhundert. Die offizielle Einwohnerzahl liegt – Stichwort Steueroase – zehnmal darüber. Amtssprache ist *català*, Staatschefs sind der Bischof von Urgell, ein Katalane, und der französische Staatspräsident. Ein heilloses Durcheinander würde man anderswo sagen.

Dem Fürstentum kam in der Franco-Zeit eine echte Sonderrolle zu: Als *català* auf spanischem Boden offiziell verboten war, wurde in Andorras Druckhäusern weiter fleißig katalanische Literatur produziert. Der Zwergstaat gehört zu den *països catalans*, den katalanisch-sprachigen Ländern. Katalonien ist Andorra deshalb nicht. Zumindest nicht für alle. Aber das wird selbstverständlich kontrovers diskutiert. Die immer gleiche Diskussion, das alte Lied.

Vielleicht muss man Andorra einfach als das sehen, was es ist: ein von alten Schmugglerpfaden durchzogenes Kuriosum, das bis weit ins 20. Jahrhundert als hinterm Mond gelegen galt. Und das am schönsten im Winter ist.

# Ort im Glück

*Die Lotto-Pilgerstätte Sort in den Pyrenäen*

Sogar Elia macht mit. Einmal im Jahr muss man mitmachen, meint sie voller Überzeugung. Schließlich geht es um den Dicken. Um *el gordo*. Den Hauptgewinn der spanischen Weihnachtslotterie. Die Weihnachtslotterie, *Sorteo de Navidad*, wird in Spanien seit dem Jahr 1812 ausgespielt. Jedes Jahr am Vormittag des 22. Dezember, ein medial aufbereitetes Spektakel mit Kindern in Engelskostümen, kitschigen Glücksbringern und jeder Menge Gefühlsduselei.

Gemessen an der ausgespielten Gesamtsumme ist der *Sorteo de Navidad* die größte Lotterie der Welt. Man kann es durchaus als verrückt bezeichnen, wenn an einem Abend eine Summe von mehr als zwei Milliarden Euro ausgespielt wird. Auf den Hauptpreis, *el gordo*, entfällt für gewöhnlich ein Gewinn von rund fünfhundert Millionen Euro. Eine Zahl, die jeden Superjackpot in anderen europäischen Ländern zur lächerlichen Mickrigkeit schrumpfen lässt. Was ihre Spielfreude angeht, nicht selten auch Spielsucht, stehen die Katalanen dem Rest der Spanier in nichts nach. Rund siebzig Euro gibt jeder Katalane im Durchschnitt allein für die spanische Weihnachtslotterie aus – wenn sich die Möglichkeit auf schnellen Reichtum bietet, müssen nationalistische Gedanken nämlich auch bei Katalanen Pause machen. Den Rest des Jahres spielt man dann aber lieber doch in der eigenen Lottoserie *Loto Catalunya*. Nicht zu vergessen die wieder in ganz Spanien beliebte Fußballwette *La Quiniela*, bei der es sich als Katalane natürlich verbietet, gegen den FC Barcelona zu kreuzen.

Auch Elia träumt vom großen Glück: Die Ingenieurin muss sich trotz abgeschlossenen Studiums und mehrjähriger Berufserfahrung mit tausenddreihundert Euro netto im Monat zufrieden geben. Wie viele lebt sie mit Anfang dreißig noch in einer Wohngemeinschaft, die vielerorts an das Kommunenleben in den sechziger Jahren erinnert. Anwälte, Ärzte, Grafiker. Das Gehaltsniveau ist im europäischen Vergleich auch in Katalonien niedrig, die Kosten allerdings, etwa für eine Mietwohnung in Barcelona, sind schwindelerregend hoch. Kosten sparen heißt die Devise. Und träumen. Vom Dicken. Von *el gordo*.

Die Weihnachtslotterie basiert, wie auch die anderen Ziehungen der Staatslotterie, auf Losen mit fünfstelligen Nummern. Aufgrund der großen Beliebtheit der Lotterie werden die Nummern allerdings in mehreren Serien aufgelegt, also mehrfach verkauft. Ein ganzes Los ist dementsprechend teuer, üblicherweise kauft man Zehntellose, sogenannte *décimos*. Meist beteiligt man sich ohnehin an mehreren Losen, um die Chancen zu erhöhen.

Man spielt ein Los mit der Familie, eines mit den Kollegen von der Arbeit, ein weiteres mit alten Freunden. Die genaue Anzahl der Losnummern und Serien sowie deren Preis und die genaue Gewinnaufteilung werden jedes Jahr neu bestimmt. Beispielsweise gab es im Jahr 2004 genau sechsundsechzigtausend verschiedene Losnummern, aufgeteilt in hundertfünfundneunzig Serien. 2005 und 2006 waren es fünfundachtzigtausend Nummern in hundertsiebzig beziehungsweise hundertachtzig Serien. Ein ganzes Los kostet immer gleichbleibend zweihundert Euro, ein Zehntellos dementsprechend zwanzig Euro. Achtundneunzig Prozent aller Spanier und Katalanen erwerben jedes Jahr zumindest einen Losanteil. Und am besten kauft man sein Los in Sort.

Den kleinen Ort in den Pyrenäen kennt in Spanien jedes Kind. Für Lotterieverrückte ist Sort genau genommen eine Pilgerstätte. Aus dem ganzen Land kommen die Menschen nach Katalonien, um in der einzigen Losverkaufsstelle des Dorfes, *La Bruixa d'Or*, die goldene Hexe, »ihr« persönliches Glückslos zu kaufen.

Und die Hoffnung ist berechtigt. Die Glückssträhne von Sort ist wirklich kaum zu fassen: Innerhalb weniger Jahre erzielten die Lose aus dem Bergdorf gleich mehrere gigantische Gewinne. Die Serie begann im Jahr 1994, als eine Tippgemeinschaft aus Sort den Haupttreffer bei der Jesuskind-Lotterie landete. Mit einer Ausschüttung von sechzig Millionen Euro wurde der Ort über Nacht zu einem der reichsten Dörfer Kataloniens. Nur zwei Jahre später bescherte Fortuna dem Dorf erneut einen Volltreffer. Im Jahr 1998 folgte dann ein Millionengewinn bei der Weihnachtslotterie. Und als ob das noch nicht genug des Guten wäre, freute sich Sort wenige Tage später schon wieder über den Hauptgewinn von fünfundzwanzig Millionen Euro bei der Jesuskind-Lotterie.

Sort war jetzt in aller Munde. Und natürlich machte es seinem Namen alle Ehre, denn Sort bedeutet auf Katalanisch doch nichts anderes als Glück! Seitdem hat sich die Sache verselbständigt. Die goldene Hexe, die ihre Lose seit Kurzem auch online vertreibt, meldet regelmäßig neue Verkaufsrekorde. Aus Japan, Australien, den Vereinigten Staaten von Amerika, von überallher trudeln Bestellungen ein. Und durch die steigende Anzahl von Losen aus Sort steigt wiederum die Wahrscheinlichkeit, dass eine Nummer des Ortes gewinnt. Eine Spirale, die sich immer weiter dreht. Jedenfalls ist Sort in der Rangliste der höchsten Gewinne Spaniens meist vorne mit dabei.

Elia hat dieses Jahr auch Glück gehabt. Zusammen mit acht Arbeitskollegen hat sie gewonnen. Tausend Euro. Immerhin. Grund zu hoffen. Und um nächstes Jahr wieder ein Los zu kaufen allemal.

# Der kleine Unterschied

*Sitges: Schwul, schön, sexy*

Die Geschichte von der Kanone ist schnell erzählt: Sie hat Sitges vor den Engländern gerettet. Vor ziemlich genau dreihundert Jahren war das, und insgesamt gab es damals wohl sechs dieser bronzenen Ungetüme, die den Angreifern in einem mehrstündigen Gefecht ihr Feuer entgegenwarfen. Eine langweilige Geschichte? Gewiss.

Also, wie wäre es damit: Ein hübsches Mädchen aus Sitges, ihr Name war Tecla, sah die Aggressoren heransegeln und handelte: Die Schöne feuerte Kugel um Kugel auf die Schiffe, verteidigte mutig das kleine Örtchen und die Kirche. Zum Gedenken an die junge Heldin läuten ihre Schwestern noch heute die Glocken von Sitges.

Diese Legende, beschrieben 1977 von einem gewissen Carlos Bellester, findet sich an der Mauer unter der Kanone, gleich vor der Kirche. Sie steht auf weißen Zierkacheln, Kacheln mit Wappen und Inschriften, wie man sie in der Altstadt von Sitges häufig findet. So eine Legende macht den Unterschied zwischen etwas Stinknormalem und einer Sache, an die man sich später erinnert. Und darum dreht es sich in Sitges: um den Unterschied.

Das Städtchen, gute dreißig Kilometer südlich von Barcelona, ist der Laufsteg für die »beautiful people«, Gays gilt das Städtchen schlechthin als europäische Ferienhauptstadt, dementsprechend hoch ist das Niveau. Wer nach Sitges kommt, ist kein Pauschaltourist, sondern ein individueller Reisender, der nicht aufs Geld schaut, sondern etwas dafür geboten bekommen möchte. Der Mix aus heterosexueller Schickeria und homosexueller Szene schafft in Sitges ein Flair, wie es das an Kataloniens Küste kein zweites Mal gibt. Restaurants wie das Maricel oder das Mare Nostrum am Passeig de la Ribera sind nur zwei von vielen von Michelin empfohlenen Gastronomiebetrieben, ob Eisdiele, Café oder Cocktailbar, Disco oder Klub, alles hat entweder Stil oder kann gleich wieder schließen, weil keiner hingehen würde.

Mit diesem Anspruch ist es nachvollziehbar, dass sich dieser Küstenabschnitt selbst vermarkten wollte – am besten gleich mit einer eigenen Küste: der Costa Garraf. Die gab es früher überhaupt nicht. Katalonien warb traditionell immer nur mit zwei Küsten: der Costa Brava und der Costa Daurada. Costa Garraf, ab Barcelona südlich bis Vilanova, und Costa del Maresme, ab Barcelona nordwärts bis Blanes, wurden später aus Marketinggründen abgekoppelt. Geschadet hat es nichts – im Gegenteil: In Sitges war man heilfroh vom Campingplatz-Image der Costa Daurada loszukommen, und die Costa Brava atmete ebenfalls befreit auf, die vergleichsweise unattraktive Küste im Süden los zu sein.

Wie auch Cadaqués an der Costa Brava, war Sitges einmal eine Künstlerkolonie. Die Stadtverwaltung ist redlich darum bemüht, diese Tradition mit zahlreichen Galerien, Ausstellungen und Veranstaltungen aufrechtzuerhalten. Ende des vorletzten Jahrhunderts formierten sich hier Kreative um den Maler Santiago Rusiñol. Wichtigster Anlaufpunkt diesbezüglich ist das Museu Cau Ferrat, das Haus war Atelier und Wohnraum des Künstlers. Mit einunddreißig Jahren kam Rusiñol nach Sitges, bei seiner Ankunft kaufte der wichtigste Vertreter des katalanischen Jugendstils zwei Fischerhäuser im ältesten Teil der Stadt, ließ sie renovieren und brachte darin seine heute noch zu besichtigende Schmiedekunstsammlung unter. Cau Ferrat, die Eisenhöhle, wurde Treffpunkt für Liebhaber der Poesie, wurde zum unkonventionellen Knotenpunkt der bedeutendsten Maler, Musiker und Dichter des ausgehenden 19. Jahrhunderts. Berühmt und berüchtigt bei vielen Zeitgenossen waren die sogenannten Modernismus-Feste, die mal der Malerei, mal dem Theater oder der katalanischen Literatur huldigten. »In Sitges feiern sie wieder ihre Modernismus-Feste«, mokierte sich damals eine Zeitung in Barcelona. »Nun gut«, so ein Kommentar, »dann bleiben wir wenigstens für ein paar Tage von diesen Neurotikern verschont!«

Mit dem Auftauchen von Rusiñol kommt es zu

einer Art Vorher und Nachher in der Geschichte von Sitges. Initiativen und raumgreifende Projekte fanden in den örtlichen Lokalen statt, Rusiñols Enthusiasmus übertrug sich derart auf die Bevölkerung, dass diese ihm sogar das Geld für ein El-Greco-Denkmal an der Uferpromenade spendete, für einen damals hier gänzlich unbekannten Künstler also. Zum Dank dafür sind in der Eisenhöhle noch heute einige Werke des griechischen Malers und Bildhauers zu sehen – neben andalusischen Fliesen, kostbarer Keramik und, nicht zu vergessen, Bildern von Ramon Casas und Pablo Picasso.

Schon damals war Sitges kein armes Fischerdorf mehr. Viele Einwohner hatten in den spanischen Kolonien Reichtum angehäuft. Kuba, Guantanamo, Puerto Rico – das waren bis ins frühe 20. Jahrhundert Synonyme für blühende Geschäfte, den Handel mit Zucker und dem süßen Malvasier-Wein, der noch heute in Sitges gekeltert wird und damals nach Übersee verschifft wurde. Als *los americanos*, wie die Kuba-Fahrer genannt wurden, genug Geld beisammen hatten, kehrten sie in ihre katalanische Heimat zurück, stolzierten in weißen Leinenanzügen und breitkrempigen Hüten am Strand entlang und bauten sich prächtige Villen. Mal neoklassisch, mal im Kolonial- oder Jugendstil verleihen die verspielten Gebäude dem Ort seinen unverwechselbaren Charme. Wie es sich in ihnen lebt, kann man in den zu Hotels umfunktionierten Jugendstilvillen ausprobieren: Ob das

Romàntic mit seinem tropischen Garten, das Renaixença oder El Xalet – für den fehlenden Luxus eines Vier- oder Fünf-Sterne-Hauses entschädigt das einzigartige Flair.

Zwei, die hier seit Jahren regelmäßig Urlaub machen, sind Martin und Brett, zwei Amerikaner, »verliebt wie am ersten Tag«, wie beide beteuern. Zum ersten Mal kamen sie zum legendären Sitges-Karneval, der seit über hundert Jahren gefeiert wird, einer der buntesten von ganz Spanien. Der Karneval, *carnestoltes,* ist zwar durchgängig eine große Show – hat aber einen von den Stadtvätern gerne verschwiegenen Höhepunkt: die Schwulenparade am Dienstagabend. Der Umzug der Gays übertrifft in Sachen schrill, schick und schrullig einfach alles, was die Einheimischen selbst auf die Beine stellen.

Die Liste der stattfindenden Events ist lang – und sie passt perfekt zum Image von Sitges, das alles sein will, nur nicht gewöhnlich. Da gibt es im März die Rally de Coches Época, ein Autokorso von Barcelona bis Sitges mit Wagen aus dem letzten und sogar vorletzten Jahrhundert. Schmuckstücke aus Chrom und Anmut, Modelle aus Frankreich, Deutschland und England, rollende Raritäten aus einer Zeit, als Adel noch gleichbedeutend war mit echtem Reichtum. Eine Rallye mit Tradition ist es, im Jahr 2008 feierte die Parade der historischen Limousinen, Cabrios und Feuerwehrfahrzeuge ihr fünfzigstes Jubiläum. Echte Kunstwerke sind die alten Plakate dazu, zu sehen beispielsweise in der Touristinformation.

Ende März kommt die Kunstmesse, gefolgt vom Swing Festival Ende April. Im Juni und August präsentiert die Stadt mit dem »Festival Internacional de Música« Klangwelten auf höchstem Niveau. Mit dem Lieblingsevent von Martin und Brett, dem »Festival Internacional de Tango«, steht im Juli dann ein weiteres Highlight an. Das Paar aus Miami hat davon inspiriert sogar mal einen Tango-Tanzkurs besucht – will aber partout nicht verraten, wer dabei welchen Part innehatte. Zum Ende der Hauptsaison, im Oktober, bildet das Festival de Cine de Catalunya, eine inzwischen beachtete Institution im internationalen Filmgeschäft, den krönenden Abschluss der Sitges-Saison.

Eine Institution, der man in Sitges unweigerlich begegnet, ist das Pacha. Die ersten Partys unter den zwei Kirschen, die das Logo des Pacha sind, stiegen 1961 in Sitges, die erste Diskothek von Gründer Ricardo Urgell eröffnete dann 1967 an der Costa Garraf, also nicht wie viele meinen auf Ibiza. Inzwischen hat das Disco-Imperium Ableger in Metropolen wie London, Moskau und New York, womit Partys eine Art Exportgut von Katalonien darstellen. Die sommerlichen Epizentren von gleich drei Gruppierungen liegen schließlich nicht zufällig hier: Lloret de Mar, Partyhochburg für Teenager, Ibiza als Technomekka für Twens, und Sitges für Gays.

Eine weitere Erfolgsgeschichte nahm 1988 in Sitges ihren Anfang: die baskische *Tapas*-Bar Lizarrán. In nur zwei Jahrzehnten expandierte die Bar, ihre leckeren *pintxos*, auf Zahnstocher gespießte Leckereien mit einem Stück Weißbrot, sind inzwischen international ein Markenzeichen. Zum Mutterhaus in Sitges, das unbedingt einen Besuch wert ist, kommen heute rund hundertfünfzig Filialen in Spanien, Portugal, den Vereinigten Staaten, Mexiko, Frankreich, Deutschland und Andorra.

Was die Zukunft für Sitges bringt, bleibt abzuwarten. Hatte man bisher die Fehler anderer Küstenorte weitgehend vermieden, ändert sich das gegenwärtig. Ein Bebauungsplan sieht vor, Tausende von neuen Wohnungen zu errichten, dazu sollen noch einmal Tausende Hotelbetten kommen. Dass dieses Vorhaben ohne Bausünden der bekannten Art realisiert wird, daran glaubt niemand.

»Salvem Sitges«, Rettet Sitges, heißt eine Bürgerinitiative, die sich gegen dieses Vorhaben stemmt. Schließlich will man bleiben, was man ist: etwas Besonders.

# Als der Urlaub seine Unschuld verlor

*Das Ebrodelta – ein ganz besonderes Stück Costa Daurada*

Verbrannte Dekolletés und feuerrote Wampen, so manches war im Sommer in den Siebzigern nicht viel anders als heute. Manches schon: Damals lebte man in dem Glauben, dass eine Creme mit Sonnenschutzfaktor zwei ausreichend sei für mehrstündiges Sonnenbaden in Spanien. Drei Jahre nach Franco war Katalonien, genau genommen ganz Spanien, eine Art Wilder Westen Europas, man betrat als Reisender Neuland, machte sich frei, und manchmal, trotz der katholischen Sitten im Land, sogar nackig. Die Touristen blieben schließlich weitgehend unter sich, sie lebten in kleinen Arealen wie dem Campingplatz Los Alfaques, einer Mischung aus Wagenburg und Shangri-La am südlichen Ende des Ebrodeltas in der Provinz Tarragona.

An die Goldene Küste, wie die Costa Daurada wegen ihrer breiten Sandstrände heißt, schwappten zu jener Zeit die ersten größeren Tourismuswellen, der Campingplatz war ein Sammelbecken für Frei- und Kleingeister aller Art. Jene, denen man daheim das ganze Jahr über erfolgreich aus dem Weg ging – hier, im Urlaub, traf man sie wieder. Während die einen, langhaarige Kerle, vor ihren Zelten Steppenwolfs »Born to Be Wild« bis zum Anschlag aufdrehten, hielt das Spießerpaar vor dem frisch gewienerten Wohnwagen mit Peter Alexanders »Kleine Kneipe« dagegen. Rocker-Backenbart grillte neben Kaiser-Schnauzer, Frottee-Badeanzüge flirteten mit Hawaiihemden, aus denen büschelweise Haare quollen. Die sexuelle Revolution der Hippies mutierte dieser Tage zu einer Art Freibrief fürs Machotum.

Camping in Katalonien, das war Ende der Siebziger ein Sittengemälde, wie es das heute nicht mehr gibt. Die gemeinsame Devise hieß locker machen, komme was wolle. Es war ein Traum. Ein Paradies. Bis zum 11. Juli 1978.

Francisco Ibernón war mit seinem Tanklastzug auf dem Weg von der Raffinerie des Staatsunternehmens Enpetrol in Tarragona zu einem Raffineriekomplex. Seine Fracht: dreiundzwanzig Tonnen Propylengas. Um die Autobahngebühr zu sparen, nahm er die Nationalstraße N-340 in Richtung Süden. Bei Kilometer 159,5, auf Höhe der Begrenzungsmauer des Campingplatzes Los Alfaques, platzte um 14.35 Uhr der Tank. Das freigesetzte Flüssiggas ergoss sich über große Teile des Campingplatzes, wo es sich an Gaskochern und Kohlegrills sofort entzündete.

Das Unglück nahm seinen Lauf. Explodierende Gas- und Benzintanks fachten das Feuer zusätzlich an. Schnelle Rettungs- und Löschversuche waren zwecklos. In dem Inferno starben zweihundert Menschen, besonders viele Deutsche, Franzosen und Belgier. An der Außenmauer des wieder aufgebauten Campingplatzes befindet sich heute eine Wandmalerei mit Inschriften und einem Stern für jedes Opfer. Zur Erinnerung, gegen das Vergessen.

Die Katastrophe besitzt eine zeitgeschichtliche Dimension. Nicht deshalb, weil seit der Tragödie in ganz Spanien Ortsdurchfahrten für Gefahrguttransporter untersagt sind. Sondern weil an jenem Sommertag der Mittelmeertourismus seine Unschuld verlor. Bald darauf wurden die südlichen Regionen Europas von mehr oder minder organisierten Touristikanbietern industrialisiert und werden bis heute kommerzialisiert. Damals brachte man die Costa Daurada, wie man sie heute kennt, auf den Weg: Riesige Campingplätze sorgen für Übernachtungskapazitäten, an archetektonischen Missetaten fehlt es auch nicht. Wie im Ferienort Salou mit seinen Hotelhochhäusern und Apartmentanlagen, eine gut geölte Urlaubsmaschine – laut Eigenwerbung »der Strand Europas«.

Der Norden der Küste ist dicht bebaut, Billigflieger landen über die Raffinerieanlagen hinweg mit Hunderttausenden von Touristen jährlich. Leise Töne sind nicht der Küste Sache. Die Hauptattraktion: der Port Aventura, ein 1995 eröffneter Abenteuer-Themenpark mit dreieinhalb Millionen Besuchern pro Saison. Spaniens größter Freizeitpark bietet Themenhotels, die größte Achterbahn Europas und einen Wasserpark. Kurzum: Die Goldküste liebt das Spektakel.

Aber nicht überall. Just dort, wo der Campingplatz Los Alfaques liegt, ist eine Gegend, die ist noch unschuldig, authentisch, echt und so besonders, wie sie es immer war: das Delta de l'Ebre. Im Herbst, wenn die spanische Sonne nicht mehr so heiß brennt, aber noch schön wärmt, verwandelt sich das Flussdelta südlich von Tarragona in ein Vogelparadies. Wo noch vor einigen Wochen Reisfelder bis zum Horizont standen, überwintern auf abgeernteten Feuchtflächen Millionen von Zugvögeln: exotische rosa Flamingos, Stelzenläufer, Grau- und Silberreiher, Möwen, Eisvögel und Albatrosse. Sie waren schon hier, als es Katalonien noch überhaupt nicht gab. Insgesamt stochern mehr als dreihundert Vogelarten in den Lagunen, Salzpfützen, Schilfwäldern und kleinen Seitenarmen des Ebros nach Nahrung. Hinter dem Bergmassiv Terra Alta mit seinen berühmten Weinbaugebieten beginnt der Strom seine hundertdreißig Kilometer lange Reise durch Katalonien. Als sauberster Fluss von Spanien fließt der Ebro durch grüne Täler und reibt sich an schroffen Klippen, ehe er sein nasses Gold verschwenderisch in diese fruchtbare Ebene ergießt, die den Bauern und Fischern seit Jahrhunderten Wohlstand und Reichtum beschert; hinein in ein dreihundert Quadratkilometer großes Mündungsgebiet, in dem sich heute Ökotourismus und Landwirtschaft gegenseitig befruchten.

Jordi Franch-Casanova ist Guide des Ökomuseums in Deltebre, der mit zehntausend Einwohnern größten Siedlung im Mündungsgebiet. Seit bald zwanzig Jahren bringt er Gästen die Natur des Deltas näher. Auf seinen Führungen erklärt der Blonde, wie die automatischen Kanonen funktionieren, die Vögel von dort verscheuchen, wo frisch eingesät wurde. Jordi zieht amerikanische Krebse aus Erdlöchern, hält sie hoch und erklärt, warum die roten Scherenmänner hier eigentlich nichts zu suchen haben – und wie aus ein paar Hundert eingeschleppten Exemplaren eine Plage wurde. Er spricht über Artenschutz und Wasserqualität, führt Familien und Naturbegeisterte über autofreie Radwege zu Beobachtungs-Plattformen und Leuchttürmen, klettert mit Kindern über Dünen und kennt die Orte, an denen sich Berge und Wolken am schönsten im Sonnenuntergang in den Lagunen spiegeln.

Jordi ist verliebt in ein Stück Erde, an dessen Küstensaum der Ebro feinsandige Naturstrände wirft, die wie bei Riumar ewig stehtief bleiben; wo Strandwanderer stundenlang laufen können, ohne jemandem zu begegnen. Ein ständiger Kampf der Elemente sei das hier, sagt Jordi. Mal gewinnt der Ebro, mal das Meer. In einem Jahr entsteht irgendwo ein neuer Strand. Woanders reißen die Wellen in ein paar stürmischen Nächten solche Sandzungen einfach wieder weg. Ein faszinierendes, sanftes Schauspiel, in dem der Mensch und das Tamtam weiter im Norden so unbedeutend sind wie ein einzelnes Reiskorn auf den Feldern hier.

Unten am Fluss: Bevor das Ausflugsboot lostuckert, macht das Mädchen vom Uferladen schnell noch ein Foto von allen. Erst als sie von Bord geht, legt die »Venus« ab. Oben an Deck sitzen eine Gruppe Italiener und eine britische Familie in kurzen Hosen. Es riecht nach Salzwasser und Fluss gleichermaßen intensiv. Es riecht nach fruchtbarem Land, nach Leben, das Angler eimerweise aus dem grünen Strom fischen. Am Ufer tauchen alleinstehende Hüttchen und Wohnwagen auf. Ein Anblick, der jeden an Deck kurz mal in seinen ganz persönlichen Wohnwagen-Aussteigertraum am Ebro abgleiten lässt. Keiner folgt mehr den Ausführungen zur Aalzucht, die aus dem Lautsprecher quäken. In den Gesichtern stehen Fragen wie: Wer lebt hier mitten im Grün? Oder: Wie glücklich muss man hier sein?

Menschen wie Jordi werden mit Gummistiefeln, Landwirtschaft und Entenjagd groß. Die »Flachländer« sind selbst anderen Katalanen zuweilen suspekt. Im Delta ist man ein bisschen eigen und verschwiegener als anderswo. Man mag es, unter sich zu sein und die vielleicht besten Reisgerichte von ganz Spanien zu verspeisen. Man ist stolz.

Umso besorgter ist man nun im Delta, weil das Katalanische Fremdenverkehrsamt die Dachmarke »Terres de l'Ebre« installiert hat. Eine Plattform, die vier Landkreise zu einem touristischen Gemeinschaftsprojekt verschmilzt. Zusammen sollen Baix Ebre, Montsià, Terra Alta und Ribera d'Ebre auf dreitausend Quadratkilometern alles bieten, was das Urlauberherz begehrt: Kunstfreunde lockt man mit einem Picasso-Zentrum ins bergige Hinterland nach Horta de Sant Joan, Aktiven legt man Mountainbiketouren im El-Ports-Massiv nahe. Es gibt Klöster, Burgen, Wellnesstempel. Die alte, fünfzig Kilometer lange Bahntrasse von Arnes nach Tortosa hat man zu einem familientauglichen Radwanderweg ausgebaut – durch Tunnel, Weinberge, Olivenhaine und alte Dörfer.

»Manches davon ist gut«, meint Jordi, klingt dabei aber nicht halb so begeistert wie wenn er vom Delta in seiner Reinform spricht. Denn eigentlich brauche es keine Hochglanzbroschüren, die auf irgendwelche Einmaligkeiten aufmerksam machen. Man müsse als Gast nur die Augen aufmachen, um zu erkennen, an was für einem besonderen Flecken Welt man gerade steht. Das Delta sei doch kein Freizeitpark wie der Port Aventura, grummelt Jordi. Geradezu grotesk ist es für ihn, den Flachländer, dass Achterbahnen und Agrotourimus jetzt zusammen in einem Prospekt auftauchen. Die Sorge, dass durch die Werbemaßnahmen einmal mehr Besucher ins Delta kommen als gut wären, schwingt mit.

In der Nähe vom Punta del Fangar bläst der Wind mit Sturmstärke böig über die großen Sanddünen. Das Restaurant Vascos ist verrammelt und verriegelt. Hier wird kein Bier mehr fließen. Nur noch ein provisorischer Deich trennt das einst lebhafte Lokal vom Wasser. An die Straße, die es davor einmal gab, erinnert nur noch ein Verkehrsschild, das jetzt von Wellen umkrabbelt wird: »Prohibida la Circulació Motoritzada«, Befahren verboten. Das Meer holt sich ein Stück vom Delta zurück. Das ist es, was Jordi mit dem permanenten Entstehungsprozess meint: Land gegen Meer, ein Jahrmarkt der Elemente. Besser als jeder Freizeitpark.

# Von Römern und Türmen

*Die besonderen Traditionen und Ruinen in Tarragona*

Heinz ist begeistert. Und ein wenig wehmütig ist er auch. Am liebsten würde der Mann aus Nürnberg in seinem Leben alle Stätten des Weltkulturerbes besuchen. Für den Studienreisenden ist das Altertum wie eine Sucht. »Leider allerdings«, sagt er, hat er »den Wert und die Schönheit dieser Sachen erst mit dem Älterwerden erkannt«.

Heinz wird es nicht schaffen, so viel ist sicher, selbst, wenn er vor dreißig Jahren schon damit begonnen hätte, die Welterbeliste rauf und runter zu fliegen. Knapp neunhundert Denkmäler in hundertfünfundvierzig Ländern hat das Welterbekomitee in Paris seit 1975 mit dem Titel geadelt, und jährlich werden es mehr. Kritiker sprechen inzwischen nicht zu Unrecht von einem Overkill, einer Überstrapazierung des Begriffs, wovon Heinz aber nichts hören möchte.

Muss er auch nicht. Der Achtundsechzigjährige ist in Tarraco, wie die Römer das heutige Tarragona nannten. Und wenn der Titel UNESCO-Weltkulturerbe irgendwo gut passt, dann hier. Denn das archäologische Ensemble und die Baudenkmäler der untergegangenen Weltmacht sind neben denen von Mérida in der Extramadura die bedeutendsten des ganzen Landes. Im Zweiten Punischen Krieg eroberten die Römer das damalige Dorf, dessen Anfänge bis ins 3. Jahrtausend vor Christus zurückreichen. Mit neuen Befestigungsmauern stieg Tarraco zum wichtigsten Stützpunkt in Spanien auf, Julius Cäsar ernannte die Stadt 45 vor Christus zur Kolonie, unter seinem Nachfolger Kaiser Augustus wurde Tarraco schließlich zur Hauptstadt der Provinz Hispania Citerior. Glanzvoll, reich und mächtig wie nur wenige Orte war die heute von Petrochemie geprägte Stadt eine der wichtigsten im Römischen Reich.

Mancher Besucher wird überrascht sein, wie die Stadt dieses Erbe annimmt. Um das Forum Romanum zum Beispiel hat man einfach herumgebaut. Würden nicht zwei Säulen etwas höher herausragen, man würde das Gelände im Vorbeigehen für einen Bolzplatz des Wohngebiets halten. Auf den Balkonen ringsum flattert bunte Wäsche, Kinder kreischen, ein paar Alte hocken auf Bänken im Schatten. Ganz normaler Alltag im Angesicht eines Weltkulturerbes.

Diese Unaufgesetztheit macht Tarragona sympathisch. Natürlich hätten die Stadtplaner manchmal feinfühliger sein können, man hätte die Eisenbahnlinie nicht unbedingt direkt hinter dem Amphitheater entlangführen müssen. Andererseits: Warum eigentlich nicht?

Heinz stört es nicht, er hat sich den richtigen Winkel für sein Erinnerungsfoto profimäßig von den Postkarten abgeschaut, die überall in den Ständern der Souvenirläden stehen. Nicht von oben, vom Ende der Rambla Nova, muss man das Bild machen, sondern von weiter unten. Flach drüber über die alten Steinsitze, dann verschwindet die Hochspannungsleitung im Sucher, als gäbe es keine; nur noch die Mauern und Stufen sind zu sehen, nur das Mittelmeer blitzt schön blau im Hintergrund.

Der alte Geist Roms begegnet einem in Tarragona auf Schritt und Tritt: Oben auf dem Pretori Romà, dem Turm des Prätoriums, im Circ Romà, dem alten Zirkus bei der Rambla Vella, und, nicht zu vergessen, bei der Nekropolis im Westen der Stadt. Wenn man vor der Teufelsbrücke steht, dem Aquädukt an der N-240 in Richtung Lleida, meint man sogar, den Geist hören zu können. Vor den fünfundzwanzig Bögen, sechsundzwanzig Meter hoch und zweihundertsiebzehn Meter lang, scheint er einen zu fragen: »Na, könntet ihr's heute besser?« Dann schießt es einem in den Sinn, dass das, was heute Fortschritt genannt wird, vielleicht gar keiner ist. Zu fantastisch wirkt die Pont del Diable, ein Aquädukt, das früher das Wasser aus dem Riu Gaya in die Stadt leitete. Heinz hat schon recht, wenn er sich so für diese alten Sachen begeistert.

Tarragona ist authentisch. Deshalb bewirbt es sich mit Chancen darum, im Jahr 2016 Kulturhauptstadt Europas zu werden. Sieht man von den zweckmäßigen Neubauten in der Unter- und Oberstadt einmal ab, so ist allein die Altstadt, ganz oben auf dem Hügel, schon die Reise wert. Zwar sind im Casc Antigua manchmal Verfall und Ärmlichkeit nicht zu übersehen, doch hat sich gerade hier die uralte Identität bewahrt, die an mediterrane Romantik grenzt. Noble Antiquitätenhändler machen ihr Geschäft neben Fischläden, Restaurants und Obstständen, alles liegt eng beieinander, drängt sich Tür an Tür, die Herrschaften aus der Nachbarschaft halten ihren gemütlichen Schwatz unter Orangenbäumen wie vor Hunderten von Jahren.

Ganz oben, am Ende der Carrer Major, thront die Catedral de Santa Tecla. Und genau hier muss sie auch stehen: Die Römer beteten hier oben im Jupitertempel ihren Höchsten an, die Mauren unterwarfen sich später in einer Moschee Allah, jetzt sind die Christen dran. Im Übergangsstil von der Romantik zur Gotik erbaut, ist die Kathedrale das bedeutendste lokale Bauwerk des Mittelalters. Mit der Errichtung der dreischiffigen Kirche wurde im Jahr 1171 begonnen, fertiggestellt wurde sie 1331. Innen liegt ein mit Rosen und Bäumen bepflanzter Hof, in mehreren Sälen sind Reliquien, Sarkophage, Kirchenmalereien und Mosaike ausgestellt, dass einem vom damaligen Reichtum der katholischen Kirche schwindelig wird. Dazu kommen pompöse Monstranzen, wie sie während der Osterprozessionen, den größten in Katalonien, durch die Altstadt getragen werden.

Szenenwechsel: Auf der Rambla Nova steht ein

kleiner Junge vor einem Turm, einem Menschenturm, einer Statue aus Gusseisen, bei der sich Menschen aneinanderdrücken, aus ihrer Mitte wächst eine Säule aus Männern in den Himmel. Mit großen Augen, in denen Begeisterung steht, schaut er hinauf, sein braunes Haar fällt ihm in die Stirn.

In Madrid wollen kleine Jungs *torrero* sein, in Tarragona Mitglied einer *colla castellers*. Die jugendlichen Leichtgewichte bilden die Spitze der inzwischen über die Grenzen Kataloniens hinaus bekannten Menschenpyramiden, *castells* genannt. Bis zu zehn Meter hoch sind sie, ihre Tradition reicht bis ins 18. Jahrhundert zurück, gemeinsam mit den Sardana-Tänzen sind sie heute wichtigstes kulturelles Symbol für die Eigenständigkeit der autonomen Region, eine klare Abgrenzung zu *Flamenco* und *Olé*.

Die Türme, eine mit jedem Stockwerk stärker schwankende Angelegenheit, versinnbildlichen auf beeindruckende Weise den Zusammenhalt und das Zusammenstehen der Katalanen. Mehr noch: Ins Jetzt übersetzt könnte man sagen, die Türme sind Ausdruck einer sozial funktionierenden Gesellschaft. Die Basis jedes *castells* bildet die sogenannte *pinya*, in ihr halten Alte und Erwachsene, Männer und Frauen, fest zusammen und stützen mit der gemeinsamen Kraft und Erfahrung die nächsten Ebenen. Die nächsten Etagen, der Stamm, *tronc* auf *català*, entsteht aus jungen Erwachsenen und Teenagern. Von der Kuppel schließlich, dem *pom de dalt*, winken stolz die Kleinsten, die mutig den ganzen Menschenturm der Generationen hinaufklettern. Bricht ein Stück, eine Generation also, heraus, fällt alles zu Kleinholz zusammen. Wie durch ein Wunder sind, trotz häufiger Abstürze, in der zweihundertjährigen Geschichte nur drei Todesfälle überliefert, das letzte Opfer war ein zwölfjähriges Mädchen im Jahr 2006.

Eine *colla* mit langer Tradition sind die Xiquets de Tarragona. In ihrem Vereinsheim in der Carrer Santa Anna in der Altstadt hängen die Fotos ihrer Bauten: ein *quatre de nou*, vier Mann stark, neun Ebenen hoch, oder ein *cinq de nou amb folre*, ein Fünfer-Gebilde, neun Ebenen hoch, verstärkt in der zweiten Ebene. Auf den Zetteln der Punktrichter liest sich das Vorgeführte dann als 4de9 beziehungsweise 5de9f, eine für nicht Eingeweihte unverständliche Kombination aus Zahlen und Buchstaben. Volle Punktzahl gibt es nur, wenn ein Turm auch wieder vollständig, ohne Einsturz, abgebaut wird. Und bei großen Wettbewerben schwingt immer die Hoffnung mit, dass es einem Team vielleicht gelingt, wieder eine Formation zu erbauen, die wegen ihrer Schwierigkeit seit Jahrzehnten keiner *colla* mehr gelang.

Obwohl der wichtigste Wettbewerb dieser Art, der von ausländischen Medien irrtümlicherweise als Weltmeisterschaft bezeichnete Concurs Castells, alle zwei Jahre im Oktober in der Stierkampfarena von Tarragona stattfindet, gilt das Städtchen Valls als Geburtsort der Türme. In der Gegend Alt Camp, nördlich von Tarragona, belegen Aufzeichnungen die Existenz zweier rivalisierender Teams aus dem Jahr 1801: die Colla dels Pagesos, eine Bauerngemeinschaft, und die Colla dels Menestrals, eine bürgerliche Zusammenkunft.

Zur Geschichte der *castells* erzählt man sich in den Bars gerne eine Legende, wonach während der Römerzeit Personen, die zu später Stunde vor den verschlossenen Toren Tarracos standen, einen Menschenturm bauen mussten, um die Stadtmauer zu überwinden und die Stadt betreten zu können. Glaubhafter ist allerdings jene Erklärung, die in den *castells* eine Weiterentwicklung traditioneller valenzianischer Tänze sieht.

Nachdem es zu Beginn des 20. Jahrhunderts nur noch eine Handvoll Mannschaften gab, erfreuen sich die Vereine heute wieder regen Zulaufs. Über fünfzig *colles* sind heute in einem eigenen Dachverband organisiert. Der fördert das zur Musik von katalanischer Schnabelflöte und *Timbales*-Trommeln begleitete Traditionsspektakel nach besten Kräften. Es gibt Klubs von Tarragona und Reus über Barcelona und Sabadell bis Sant Feliu und Figueres. Alle haben eigene Farben und Wappen, aber einen gemeinsamen Wahlspruch: »Força, Equilibri, Valor i Seny« – Kraft, Gleichgewicht, Mut und Vernunft.

# Schäumender Welterfolg

*Cava-Produktion in Sant Sadurni d'Anoia*

Flaschen. Überall Flaschen. So weit das Auge reicht. Mit dem Hals voran stecken sie aufgereiht in hölzernen Ständern in fahlem Kellerlicht und in schier endlos langen Gängen. Es riecht, wie es in uralten Gewölben riechen muss: ein bisschen muffig, feucht und nach Geschichte. Seit seiner Gründung im Jahr 1080 ist Sant Sadurni d'Anoia ein Kreuzweg für Menschen und Überzeugungen gewesen, ein Gebiet, in dem Trauben für Wein- und Sektkellereien wachsen, eine Landschaft mit tausendjährigen Wurzeln. Nicht einmal die Schädlingsplage im Jahr 1887 konnte verhindern, dass der Ort, dreißig Kilometer westlich von Barcelona, noch heute die »Hauptstadt des Cava« genannt wird.

*Cava*. Das ist jene edle Brause, die schon Napoleon liebte, und in der Marilyn Monroe angeblich sogar badete. Champagner ist längst nicht mehr der alleinige Star unter den Schaumweinen. Die prickelnden Tropfen heißen nur in der französischen Champagne Champagner. In Spanien heißen sie *cava*, in Italien Spumante und an der Loire und im Elsass Crémant. Deutsche Winzer wiederum vermarkten ihr Edelprodukt als Winzersekt.

Genau genommen ist heute, zumindest was die weltweiten Marktanteile angeht, der katalanische *cava* das Maß aller Dinge. Jede zehnte Flasche der im deutschsprachigen Raum geleerten Sektflaschen kommt mittlerweile aus Katalonien. Die bekanntesten Marken heißen Codorníu (seit 1551)und Freixenet (seit 1881), ein Unternehmen, das sich heute mit sieben Regionalbüros und vier internationalen Verwaltungen in den USA, Großbritannien und Deutschland um seinen Umsatz und die Angebotspalette kümmert. *Brut* steht für die sehr trockene Variante, *sec* für trocken, *semisec* für halbtrocken und etwas süßlich, *dolç* steht für sehr süß. Manche würden auch einfach Zuckerwasser dazu sagen.

Die klassischen Rebsorten für *Cava,* was übersetzt so viel wie Keller bedeutet, sind die weißen Trauben Parellada, Xarel-lo und Macabeo. Nicht selten wird auch ein Chardonnay verarbeitet. Nach der Ernte im August beginnt die erste Phase der Produktion: eine etwa siebenwöchige Vergärung der Grundweine. Nachdem das Ganze dann mit einem Schuss altem Wein, Zucker und Hefe in Flaschen abgefüllt worden ist, erfolgt die zweite Fermentierung. Und das, genau dieser zweite Reifungsprozess in der Flasche, »ist die Bedingung dafür, sein Produkt *cava* nennen zu dürfen«, erklärt Hans-Joachim Momm, Geschäftsführer von Freixenet in Wiesbaden. Erst diese zweite Gärung sorgt für die Kohlensäure. Zwischen neun Monaten und fünf Jahren dauert diese Ausbauphase, je nach Sorte und Qualität. Anschließend gilt es, unerwünschte Rückstände zu entfernen. Dazu werden die Flaschen auf eine Art Rüttelpult gepackt, langsam in die Vertikale gedreht und dabei gerüttelt. Dreißig Tage lang. Als letzter Schritt auf dem Weg in den Handel wird der Flaschenhals vereist, Korken und Ablagerungen entfernt, und der bisher trockene Sekt erhält nun seine »Versand Dosage«; ein Likörzusatz aus Wein und Zucker, dessen genaues Rezept jede Kellerei wie ein Geheimnis hütet, weil die Dosage der Flasche letztlich ihren Süßegrad verleiht. Neu verkorkt, verdrahtet und verkapselt geht es nun mit pompös versilbertem oder vergoldetem Bauchetikett in die rauschende Welt der Feste.

Auch in Zeiten wirtschaftlicher Krisen haben die etwa siebzig Hersteller des Sechzigtausend-Einwohner-Städtchens nicht wirklich viel zu befürchten: Ihr Marktanteil am *cava* beträgt in Spanien satte fünfundneunzig Prozent. Eine Monopolstellung, ohne Frage. Und Alkohol wird immer getrunken. Es wird immer etwas geben, auf das man anstoßen muss, das gefeiert werden will, was die Aufmerksamkeit von klingenden Gläsern verdient.

Gerne feiert man in Sant Sadurni d'Anoia auch selbst. Der unbestritten beste Zeitpunkt, das einmal zu erleben, ist das zweite Oktoberwochenende beim alljährlichen *CavaTast*. Die ganze Kleinstadt ist dann voll von Besuchern, meist Katalanen, aber auch einige Ausländer verirren sich hierher, extra angereiste Gastronomen und natürlich Alicia.

Alicia ist immer da. Sie wohnt hier in Sant Sadurni d'Anoia, ist um die vierzig Jahre alt, ziemlich beschwipst und ziemlich hübsch. Die Hauptstraße ist abgesperrt, *Cava*-Stand reiht sich an *Cava*-Stand. Alle Hersteller sind vertreten. Alicia hat sich schon am Vormittag ihre Bons gekauft, drei *Cava*-Gutscheine für vier Euro, dazu gibt es noch ein Glas, das immer gut gefüllt sein will. Die folgenden Stunden ist sie wie die anderen im Pulk von Winzer zu Winzer gezogen, hat edelste Tropfen wie einen *cava* der Familie Gramona, Jahrgang 2001 Imperial, brutfeinperlig, elegant und mit Brioche-Note probiert. Sie hat hier gelacht und da geprostet, dort jemanden umarmt und ist schließlich auf den Stufen eines Jugendstilgebäudes ein wenig blass um die Nase sitzen geblieben.

Jugendstilbauten gibt es viele in und um Sant Sadurni d'Anoia, prächtige Gebäude und Ensemble, mit verspielten Türmchen, Zierkacheln und Rundungen, allen voran größere Kellereien, viele erbaut um das 19. Jahrhundert. Gut die Hälfte von ihnen kann man besichtigen, eine eigene Broschüre, »Caves visitables«, listet alle Kellereien auf.

Alicia hat für heute genug *cava* gehabt. Trockenen, habtrockenen, zuckersüßen. Viel durcheinander, nur unterbrochen von ein paar leckeren Happen. Nächstes Jahr ist sie wieder hier. Ganz bestimmt.

# Schlösser und Schweine

*Lleida: Vergessene Comarcas*

Die Sonne geht gleich unter. Vielleicht fünf Minuten strahlt sie noch. In den Tälern liegen schon die Nachtschatten auf der braunen Erde. Felder und Wälder, nichts als Felder, so weit das Auge reicht. Die obersten der steilen Felswände brennen noch rot im Abendlicht. Bis die Sonne ihr Licht heute ein letztes Mal über die Berge schickt, will Jaume auf dem Gipfelplateau des Montsec stehen. An der Grenze von Himmel und Erde, wo Felsen zerfallen und Winde zerteilt werden und die Zeit dicker ist als anderswo.

Was mag er wohl denken, wenn er auf dieses Land in der Comarca Noguera schaut? Auf diesen größten aller Bezirke Kataloniens, in der Provinz Lleida. Vielleicht hat er diese Eintönigkeit manchmal satt. Vielleicht beruhigt ihn diese Monokultur der Vorpyrenäen aber auch. Vielleicht wünscht er sich etwas hinein in diese ständige Stille ganz im Westen Kataloniens. Vielleicht ist Jaume aber auch ganz zufrieden so, wie es ist.

Jaume León Andrés ist Direktor der Agentur »Tu Lleida«, Dein Lleida. Ein dicker Mann mit Brille und Jeep, der lange als Manager für einen weltbekannten Reisekonzern gearbeitet hat. Er ist einer, der dabei helfen soll, die Provinz Lleida attraktiv zu machen. Für so ziemlich jeden, den man fragt, ein unmögliches Unterfangen.

Die Provinz Lleida: Das sind zwölftausend Quadratkilometer, auf vierunddreißig Quadratkilometer Land kommt nur ein Einwohner. Nicht einmal ein Zehntel der katalanischen Bevölkerung lebt hier in den Grenzgebieten von Aragón, Frankreich und Andorra. Es ist ein Stück Land, wo es kaum Ampeln gibt, weil es nichts zu regeln gibt; dafür gibt es mehr verfallene Burgen und Schlösser als Schulen und Bahnhöfe. Burgen, die hundertfünfzig Jahre lang die Front zwischen Christentum und Islam darstellten, die letzte Grenze zwischen Abendland und Morgenland verlief genau hier. Es ist eine Gegend, die bis heute viele Geheimnisse birgt.

Einer, der zumindest viele davon kennt, ist Josep Sansalvador Castellet. Er arbeitet als Archivar im Monestir de Les Avellanes nahe dem Ort Os de Balaguer. Die romanische Klosteranlage aus dem 12. Jahrhundert beherbergt neben einem guten Restaurant, Seminarräumen und hübsch hergerichteten Gästezimmern eines der größten Privatarchive Europas, das Arxiu Gavin. Achtundvierzig verschiedene Sammlungen verwaltet Josep hier, ohne dass die Welt da draußen Notiz davon nehmen würde. Kassetten und Bierdeckel, Postkarten, Bücher und Fotos, Anstecknadeln und Videos, alles fein säuberlich handschriftlich erfasst, auf

Notizkarten vermerkt und in geschätzte hundert riesengroße Schubladen einsortiert. Rund dreieinhalb Millionen Einzelstücke umfasst das Archiv, ein Sammelsurium und Kuriosum von Generationen und Gelegenheiten.

Josep aber hat den Durchblick. Dem Mann mit der Brille und dem altmodischen Kleidungsstil muss man nur ein Stichwort zurufen, schon marschiert er los, greift zielsicher in eine Schublade und zieht ein Karteikärtchen heraus. Danach eilt er an diverse Schränke, dreht an Kurbeln, zieht an Schüben – und schon kommen nie geglaubte Dinge ans Tageslicht. Wie dieses eine alte Foto, aufgenommen im Jahr 1938 in Vilanova de la Sal. Das Örtchen liegt ein Stück westlich des Klosters, ebenfalls in der Comarca Noguera. Darauf zu sehen sind vier deutsche Soldaten in der kleinen Dorfkirche, sie tragen Wehrmachtsuniformen und hocken auf Balken vor einer Statue der Heiligen Jungfrau Maria. Unrasiert und müde dreinblickend.

Das Foto ist nur eines von Tausenden Wegzeichen, die man in der Provinz Lleida finden kann. Wegmarken aus dem Damals, die einer individuellen Reise Tiefgang verleihen. Wer sich hinterher wirklich zu der kleinen Kirche in Vilanova de la Sal aufmacht, wird erfahren, dass die jungen Soldaten auf der Seite der Putschisten Francos im Spanischen Bürgerkrieg kämpften. Man wird in die Wände geritzte Hakenkreuze finden, Worte wie »Sieg« oder ein schlecht lesbares »Heil Hitler«.

Die Provinz Lleida lebt von intensiver Landwirtschaft. Ein Geschäft, das sich nicht mehr so recht lohnt, seit immer mehr Länder in die Europäische Union drängen und am lukrativen Subventionstropf hängen. Es gibt Obstplantagen für Birnen, Äpfel und Pfirsiche, Olivenbäume, Getreide- und Maisfelder bis zum Horizont. Und Schweinefarmen. Lleida ist das Land der Schweinezüchter. Aus halb Europa, vor allem aus Deutschland, Holland und Österreich werden Ferkel angekarrt, um sie hier in dieser Einöde aus Halbbergen und Tälern mästen zu lassen. In Farmen und Baracken ohne Fenster, fern von denen, die einmal die Würstchen und Lendchen essen wollen. Automatisierte Zucht. In der Noguera und anderen *comarcas* nimmt jener seelenlose Produktionsprozess seinen Anfang, der mit viereckigen, in Plastik eingeschweißten Schinkenpartien für neunundneunzig Cent im Supermarkt endet. Schön ist das nicht. Gut riechen tut es auch nicht.

»Die Schweinezucht ist das große Problem«, sagt Jaume. Und er meint damit nicht bloß, dass die Farmen unschön anzusehen sind und unangenehm riechen. Vielmehr meint er damit die Züchter, die finanziell die meist kleinen Dörfer dominieren. Die Schweinelandwirte haben Geld, und wer das Geld hat entscheidet. Und die Landwirte haben entschieden, alles möglichst lange so zu lassen, wie es ist. So einfach ist das.

Da stehen sie nun, die romanischen Bauten,

Klöster, Schlösser und Burgen. Wie das wunderschön restaurierte Castell de Montsonis, drinnen bestückt mit historischen Ritterrüstungen, mittelalterlichen Gewändern und Münzen in Glasvitrinen. Draußen liegt ein Land mit toskanischer Anmutung, dem Jaume am liebsten die Schweinefarmen amputieren möchte. Selbst von den Höhlenwohnungen aus, oberhalb des Santuari de la Mare de Déu in Salgar, sieht man sie. Da helfen auch die Marienstatuen nichts, die man überall hingezimmert hat, wo man nur unter Lebensgefahr hinkommt. Je steiler und unzugänglicher ein Gipfel oder Pass, desto größer ist die Wahrscheinlichkeit, irgendwo in der Noguera eine Gottesmutter zu finden. Am liebsten samt einer *ermita*, einer sich kurz vorm Absturz befindlichen Minikapelle.

Jaume grinst von einem Ohr bis zum anderen, als der Kellner den Teller mit der Vorspeise bringt. Gegrillte Schnecken. *Die* Spezialität der Provinz Lleida. Wenn im Mai in Lleida das Stadtfest gefeiert wird, wandern die kleinen Kriechtiere samt Häuschen hunderttausendfach auf den Grill – und in die Mägen. Zuerst muss man sie aber mit einem Zahnstocher aus der Schale herausbekommen.

Aber die Vorspeise ist harmlos. Typisch regionale Schmankerln der Noguera können schnell zur Nervenprobe geraten, zum persönlichen Härtefall, trotz ihrer ganzen Schmackhaftigkeit. Schweinefüße mit Aioli zum Beispiel, von geleeartiger Konsistenz. Auch Rinderbacken sind nicht jedermanns

Sache. Dann vielleicht doch lieber auf eines der vielen Pilzgerichte ausweichen, auf Salate mit Nüssen oder *bacalà*, Stockfisch mit karamellisierten Zwiebeln, Blütenmarmelade und Honig. Der ist das Markenzeichen der Lleida-Küche. Das gelbe Gold macht aus vielen Hausmachergerichten echte Geschmacksexplosionen.

Jaume gibt sich wirklich alle Mühe, einem die Noguera, speziell die Gegend um das zweiundvierzig Kilometer lange Hochplateau Montsec, für weitere Aufenthalte schmackhaft zu machen. Ob wir wüssten, dass es hier eine Sternwarte mit integriertem Planetarium gebe, will er wissen? Das astronomische Observatorium liegt oberhalb von Àger. Zwei Stunden dauert eine abendliche Exkursion in den Orbit, zuerst nur ein digitaler Flug durch Sonnensysteme, vorbei an Planeten und zu kosmischen Wolken. Dann, als großes Finale, schiebt sich über einem die Kuppel auf, und man blickt in dieses Meer echter Sterne. Dank der vorangegangen Erklärungen findet man sich auch ein bisschen zurecht in diesem unendlichen Schwarz mit seinen blinkenden, funkelnden Nachtlichtern. Keine Frage: ein idealer Ort zum Sterneschauen. Kein Streulicht von umliegenden Dörfern. Überhaupt keine Lichtquellen. Dazu saubere, partikelfreie Luft, weil jegliche Schwerindustrie ringsum fehlt.

Ob wir mal mit »La Garrafeta« gefahren seien, fragt Jaume weiter? Sind wir nicht. Dabei ist dieser Dampfzug, der mit seinen historischen Wagen zwischen Lleida und La Pobla de Segur rollt, ein schnaufendes Stück Geschichte. Im Jahr 1924 eingeweiht, führt die Strecke auf 89,35 Kilometern die meiste Zeit auf der rechten Uferseite des Segre entlang. Die alte Trasse steigt durch eindrucksvolle Landschaften, die Abstände von Schweinefarm zu Schweinefarm werden so groß, man könnte fast vergessen, dass es sie gibt. Raue Felswände, Schluchten und die vier Stauseen Sant Llorenç, Camarasa, Cellers und Sant Antoni, einundvierzig Tunnel und einunddreißig Brücken sind das Gesicht dieser Fahrt. Atemberaubende Ausblicke auf wilde *sierras* hinter jeder Kurve. Noch ursprünglicher wird es in der Provinz Lleida nur im Nationalpark Aigüestortes.

Die Provinz Lleida ist eine Gegend der Durchreise. Schon immer gewesen. Zwar gibt es eine Handvoll kleiner Städtchen wie Balaguer, mit Märkten, auf denen Obst und Gemüse so frisch sind, dass jeder Ökoladen in Barcelona vor Neid erblassen würde. Aber die einzige Stadt, die den Namen verdient, ist Lleida. Inmitten einer fruchtbaren Ebene am Riu Segre gelegen, eine Kreuzung für alle, die ankommen, und jene, die wieder wegwollen. Wer hier eine pulsierende Metropole wie Valencia oder Barcelona erwartet, wird enttäuscht das Weite suchen. Lleida ist unauffällig, unaufdringlich, etwas ärmlich. Hochrangige Sehenswürdigkeiten im klassischen Sinn fehlen mit

Ausnahme der alten Kathedrale La Seu Vella auf dem Burgberg völlig.

Lang und ungewöhnlich ist die Geschichte dieser Kathedrale. 1149, im Jahr der Rückeroberung Lleidas von den Mauren durch Ramón Berenguer IV., wurde auf den Mauern einer Moschee die erste Kirche errichtet. Die Anfänge der dreischiffigen Kathedrale in ihrer heutigen Form datieren auf das 13. Jahrhundert. Anschließend wurde dreihundert Jahre lang daran gebaut. Im Spanischen Erbfolgekrieg nahm das Militär das Areal in Beschlag – und gab es kurioserweise bis zum Jahr 1940 nicht wieder frei. Nach dem Abzug der Armee versuchte man zu renovieren, was zu retten war. Schön zu sehen ist heute noch der Übergang von der Romanik zur Gotik an der Porta dels Fillols auf der Südseite. Und der Kreuzgang gehört zu den schönsten in ganz Katalonien.

Wie wirr die Zeiten wirklich waren, die Lleida hinter sich hat, weiß Eva Lega. Die junge Frau wurde hier geboren, hat Geschichte studiert und arbeitet als Fremdenführerin. Sie erzählt, dass Lleida eine Ibverersiedlung war, als sie im 2. Jahrhundert vor Christus von den Römern erobert wurde. Im 8. Jahrhundert übernahmen dann die Mauren die Herrschaft bis zu besagtem Tag im Jahre 1149. Und sie haben mehr als nur Geschichte, Wissen und Schätze zurückgelassen. Wenn man Eva so ansieht mit ihren tiefschwarzen Haaren, den dunklen Augen und der braunen Haut, könnte man eigentlich meinen, die Mauren wären noch gar nicht weg.

Später wurde Lleida wiederholt belagert und zerstört – der Grund für das Fehlen echter Sehenswürdigkeiten.

Eines aber ist Lleida seit jeher für Katalonien geblieben. Der Westen. Dort, wo die Sonne untergeht. Ein katalanisches Sprichwort besagt, dass die Sonne immer hinter Lleida untergeht. Es stimmt. Auch heute.

# Sprudelnde Wasser

*Aigüestortes: Kataloniens Pyrenäen-Nationalpark*

Juanito Gil kommt öfter vorbei beim lieben Herrn am Kreuz, setzt sich auf eine Holzbank, faltet die Hände, dann betet er. Jesus und seine Beisitzer, die Engel und Apostel mit Schleppe, Flügel und Heiligenschein, nehmen keine Notiz von ihm, sie schauen geradewegs über ihn hinweg ins Jenseits.

Jedes Mal ist es so, wenn Juanito in der Kirche Sant Climent ins Dörfchen Taüll kommt, ein wenig oberhalb von Boí. Für Kunstexperten aus der ganzen Welt sind die Wandmalereien und Fresken hier absolute Meisterstücke des romanischen Kataloniens. Gleich sieben Gotteshäuser dieser abgelegen Pyrenäengegend haben es deshalb in die prestigeträchtige UNESCO-Liste des Weltkulturerbes geschafft. Für Juanito ist das Heimat.

Künstler aus der Lombardei sollen die prächtigen Bilder im 12. Jahrhundert erschaffen haben. Damals muss es, da ist sich Juanito sicher, »einen regelrechten Wettstreit der Meister im Bemalen von Kirchen im Boí-Tal gegeben haben«. Da prangt alles an den Wänden: wundersame Legenden von Heiligen, gehörnte Dämonen, Sünder und Fabelwesen. Einst Zeichen christlichen Widerstands gegen die Mauren, zweifelsohne. Aber auch gut geeignet,

»das fromme Landvolk zu gottesfürchtigem Leben anzuhalten, um nicht in der Hölle zu enden«, meint Juanito schmunzelnd. Wer die Originale sehen will, muss allerdings nach Barcelona ins Museum fahren. Nach der Entdeckung der Fresken im 20. Jahrhundert tauchten bald Teile der mittelalterlichen Schätze auch in diversen Antiquitätenläden auf. Um den Ausverkauf zu unterbinden, ersetzte man sicherheitshalber die Originale durch Kopien.

Mit der Institution Kirche hat der schmale Mann nicht viel zu schaffen, Juanitos Welt ist die Natur des einzigen katalanischen Nationalparks, Aigüestortes in der Provinz Lleida. Übersetzt bedeutet der Name so viel wie gewundene Wasser. Kristallklare Bäche mäandern durch Torfmoore und Blumenwiesen, Sturzbäche singen ihr Plätschern in die frische Morgenluft. Eiszeitliche Gletscher haben Becken von rund zweihundert Seen in die Täler gefräst, Wasserfälle, Quellen und Sumpfgebiete, sie prägen den Charakter dieser ursprünglichsten aller Landschaften, die Katalonien zu bieten hat. Runde Felsen und schroffe Steinspitzen kontrastieren das endlose Grün dichter Wälder, Schwarzkiefern, Edeltannen, Waldkiefern, Birken und Buchen. Bäume, die im Winter ein meterdickes Schneekleid schleppen, dass sich die Äste bis zum Boden biegen.

Das Hochgebirge der Pyrenäen, Juanitos Arbeitsplatz, ist von unschätzbarem Wert für das Ökosystem, Lebensraum für Bartgeier und Steinadler, viele Gämsen und einige Schwarzbären, von Forellen, Grasfröschen, Bisamspitzmäusen und Molchen.

Der Nationalpark bedeckt eine Fläche von vierhundertacht Quadratkilometern, »wobei eine innere und eine äußere Schutzzone unterschieden werden muss«, erklärt Juanito. Die innere Zone, der eigentliche Nationalpark, misst hunderteinundvierzig Quadratkilometer. Die größere äußere Zone soll das Kerngebiet vor dem Einfluss des Menschen schützen.

Man hat aus der Vergangenheit gelernt. Bevor Aigüestortes im Jahr 1955 zum Park ausgerufen wurde, verstanden staatliche Elektrizitätswerke den Wasserreichtum geradezu als Aufforderung zum wenig sensiblen Bau von Kraftwerken, die teilweise immer noch bestehen und nicht ohne Einfluss auf die Umwelt blieben. Je nach Wasserbedarf der Energieriesen verwandelt sich mancher See, der als Wasserspeicher dient, »über Nacht in einen Sumpf«, bedauert der Ranger kopfschüttelnd.

Das Gesicht der tausendsechshundert bis dreitausend Meter hoch gelegenen Gegend ist alpin, symbolträchtig thronen die gezackten Gipfel von »Els Encantats«, den Verwunschenen, über dem Park. Die schönsten Routen, um den Nationalpark kennenzulernen, »sind der Camí dels Enamorats, der Weg zur Roca de la Cremada, der See Llong sowie der Weg zum See Sant Maurici und nach Amitges«, sagt Juanito.

Immer wieder wird man auf dem Weg auch Abenteuersportler sehen. Sie betrachtet der Parkranger mit Skepsis. Er denkt an zertretene Pflanzen und aufgescheuchte Tiere. Aber die Täler und ihre wilden Wasser ziehen Kanuten an wie ein Magnet, die Felswände schreien förmlich danach, mit Seil und Haken beklettert zu werden, und in Schluchten und Spalten muss man sich als Mensch nun einmal abseilen, sich mit den Gewalten messen, um ganz nah dran zu sein an dem, was sich Leben nennt. Juanito versteht das. Und ganz gleich, welche Nähe man zur Natur pflegt – »es schafft auf jeden Fall ein Bewusstsein für ihren Wert«, ist er sich sicher.

Juanito mag Besucher, die unauffällig durch den Park wandern und sich die mit Schiefer gedeckten Häuser anschauen, in denen trotz all der Kirchen und Gottesdienste noch manch heidnischer Brauch zelebriert wird. Der bekannteste: die *fallas*. Ein Fest, das auch in anderen Gegenden Spaniens groß gefeiert wird, weltbekannt sind die brennenden *fallas* von Valencia, haushohe Pappmaché-Figuren, die an Karneval erinnern.

In Boi läuft es so: Mit Kiefernfackeln rennen die Bewohner des Dorfes nachts vom Berg in ihr Dorf hinab, um die bösen Geister und Unglück zu vertreiben. Juanito und seine Freunde fegen dann wie Irrwische durch ihren Wald. Am nächsten Morgen geht Juanito dann nicht selten in eine der Kirchen, faltet die Hände. Und betet.

# Aussicht

*La Mola: Ein besonderer Ort*

Kinder werden nach einer Reise oft gefragt, wo es ihnen besonders gut gefallen hat. Es folgt gewöhnlich ein kurzes Überlegen, dann kommt die präzise Antwort in einfachen Worten, schnörkellos und intuitiv. Ehrlich eben.

Bei Erwachsenen ist das schwieriger. Viel schwieriger. Schließlich erlebt man auf einer Reise viel, muss abwägen und bewerten, zwar nie absolut aber doch immer auf den Moment oder die Situation bezogen. Die Antwort: oft nur eine unkonkrete Momentaufnahme, gemischt mit persönlicher Lebenserfahrung und einem jahrzehnteweiten Erwartungshorizont, der nicht immer so recht über das Land passen mag, auf dem man gerade steht.

Je länger aber ein Aufenthalt dauert, ganz gleich ob in einer Stadt, einem Tal oder einem Land, desto schärfer werden die Konturen dessen, was man da eigentlich sieht. Und ganz allmählich schält sich aus dem brausenden Neuen um einen heraus, was einem tatsächlich besonders gut gefallen hat.

Auf meiner Katalonienreise war es la Mola, ein Berg zwischen den Landkreisen El Vallès Occidental und El Bages. Man muss bei la Mola eigentlich von einem Rätsel sprechen, denn obwohl dieser Höhenzug mit umliegendem Naturpark auf jeder anständigen Katalonienlandkarte verzeichnet ist, kommt kaum jemand hinauf auf den tausendeinhundert Meter hohen Gipfel mit seinem alten und heute bewirtschafteten Kloster Sant Llorenç del Munt. Mönche gibt es hier oben keine mehr, hinauf führen keine Straßen, keine sonstigen Aufstiegshilfen, vielleicht sind die Mühen des Weges auch schon die Erklärung für die wenigen Gäste. Wer nach oben möchte, muss die knorrigen Wege und gepflasterten Pfade nehmen, die von der bald genau tausendjährigen Geschichte der Anlage zeugen.

Auch die erste Hälfte des zweistündigen Gipfelmarsches mag den ein oder anderen verschreckt haben, unansehnliche Landschaft mit herumstehenden Wasserspeichern und oberirdisch verlegten Plastikrohren, zu allem Unglück auch noch hier und da überspannt von Stromleitungen. Zumindest ist es so, wenn man am Wanderparkplatz Font de la Tartana in Matadepera startet.

Aber gerade das macht diesen Berg, nur fünfzehn Kilometer Luftlinie nördlich von Barcelona, so realistisch und lebensnah. Mit ihm ist es wie mit vielen Dingen im Leben: Man muss sich ihnen erst ein Weilchen widmen, sich einlassen können, ihnen eine Chance geben, in sie eindringen, um ihre Schönheit zu erkennen. Denn nach der ersten Stunde ändert sich das Bild: Auf dem Gipfel liegt das sandfarbene Kloster vor einem mit Wolken gesprenkeltem Himmel. Die jetzt kleinen Pfade führen in Schleifen darauf zu. Ab und zu tauchen auf Anhöhen in Sichtweite pompöse Villen auf, bei denen man sich fragt, wen man bestechen musste, um hier eine Baugenehmigung zu erhalten.

Der Weg wird immer steiler, stellenweise ist er gepflastert mit Steinen, die Zeit und Sohlen ordentlich glatt geschliffen haben. Wie alt die Steine sind, weiß so genau kein Mensch. Es riecht nach Rosmarin und mediterranen Blumen. Hier und da stehen Zypressen. Das Rauschen der Autobahn verliert sich irgendwo weiter unten am Hang. Und bevor es ein kleines Stück weiter auch noch alpin werden soll, wartet hinter einer Kurve die erste grandiose Aussicht: Montserrat.

Da liegt er, dieser Schicksalsberg, der alte König mit Faltenmantel und schmalem Wolkenband als Krone. Zum Greifen nah ist er mit seinem weltberühmten Kloster. Vielleicht zehn, fünfzehn Kilometer Luftlinie. Auf dem Weg zur Mola hat man den Montserrat ganz für sich, man steht plötzlich mutterseelenallein vor Kataloniens berühmtestem Naturdenkmal. Nur während sich auf dem Nationalheiligtum Montserrat Tausende den Platz stehlen, breitet sich hier ein Panorama aus, das in größter Ruhe jene Ewigkeit atmet, für die man auf dem Montserrat bei der Schwarzen Madonna lange beten muss.

Es geht weiter bergauf. Plötzlich Hufgetrappel. Eine Karawane Riesenesel trabt um die Kurve, bepackt mit Lebensmitteln für die Gipfelgastwirtschaft. Es hat ein Weilchen gedauert, bis mir die ganze Symbolik dieser Situation, ja dieses Glücks, aufging: Da schnaufen sieben Riesenesel vor der Kulisse des Montserrat auf la Mola hinauf. Oder anders gesagt: Das katalanische Wappentier, das fleischgewordene Symbol für den Widerstand gegen alles Spanische, trägt mit Blick auf den Montserrat seine Last zum Gipfel. Mehr Katalonien geht nicht.

Oben angekommen, im Kloster, gönne ich mir eine Pause. In der einfachen Stube der Gastwirtschaft gibt es gegrilltes Kaninchen und Artischocken, dazu *pa amb tomàquet* und Rotwein. Draußen an der Mauer stehen die Esel in einer Reihe vor der Mauer, bunte Decken über ihre Rücken gelegt.

Neben dem Eingang steht eine Tafel, die mit Pfeilen zeigt, was man in welcher Himmelsrichtung sehen kann. Im Westen den Montserrat, und rechts davon die Ebenen von Lleida mit dem Montsec. Im Norden und Nordosten die katalanischen und spanischen Pyrenäen und Andorra. Alles zusammen eine majestätische Gipfelkette mit weißen Zacken, die sich weit hinten irgendwo am Horizont verliert. Gen Osten liegt der kleine Naturpark, dahinter graue Industriegebiete mit Schornsteinen und Lagerhallen. In Richtung Süden geht der Blick über den Tibidabo, Barcelonas Hausberg, geradewegs auf das Mittelmeer hinaus. Und an klaren Tagen, an sehr klaren Tagen, meistens frühmorgens, ist ganz klein am Horizont Mallorca auszumachen.

Es ist schon verrückt. Einmal bloß muss man sich auf la Mola um die eigene Achse drehen, um fast ganz Katalonien zu sehen. Als Land, als Kulturraum und als Grenze.

Ich muss auf dem Gipfel von la Mola immer an Ambrosi Carrion denken, den Dichter der Armen und der Arbeiter, Dichter derer, die nicht lesen können, aber fluchen, wenn sie sprechen. Ambrosi, geboren am 4. Juli 1888 in Barcelona, schrieb nach dem Sieg von General Franco und den Putschisten seine Gedichte im französischen Exil. Es sind Liebesgedichte an Katalonien, Gedichte, die den Schmerz über den Verlust der Heimat in sich tragen. Hunderte von politischen Strophen, voll von dunklen Nächten, Gespenstern, Nebenschlössern, Hoffnung und der Sehnsucht nach Rückkehr. Es sind Zeilen, die weit über seinen Tod am 9. November 1973 in Cornellà-de-Conflent in Frankreich wirken. Bis ins Heute.

Im seinem Gedicht »Klage aus dem Exil« schreibt Ambrosi:

*Ai, bitteres, bitteres Katalonien,*
*uns verloren,*
*von den Kindern nicht zurückgewonnen! …*
*Was werden unsere Enkel tun?*
*Werden sie zurückkehren und sagen: Uns gehört*
*das Land*

*und wollen es mit vollem Recht?*
*Oder werden sie schweigen und an es denken*
*Wie an eine Erinnerung in der Vergangenheit?*

*Unter dem blauen Himmel die Sardana und die Fahnen,*
*die schneebedeckten Pyrenäen, der Montserrat,*
*Lieder über Lieder, das Meer so blau*
*wie nirgends sonst auf der Welt! Wie die Alten sagen:*
*»Oh, süßes Katalonien!«*